# Lachs & Forelle

Teubner Edition

# Lachs & Forelle

Von Christian Teubner
und Eckart Witzigmann

# Inhalt

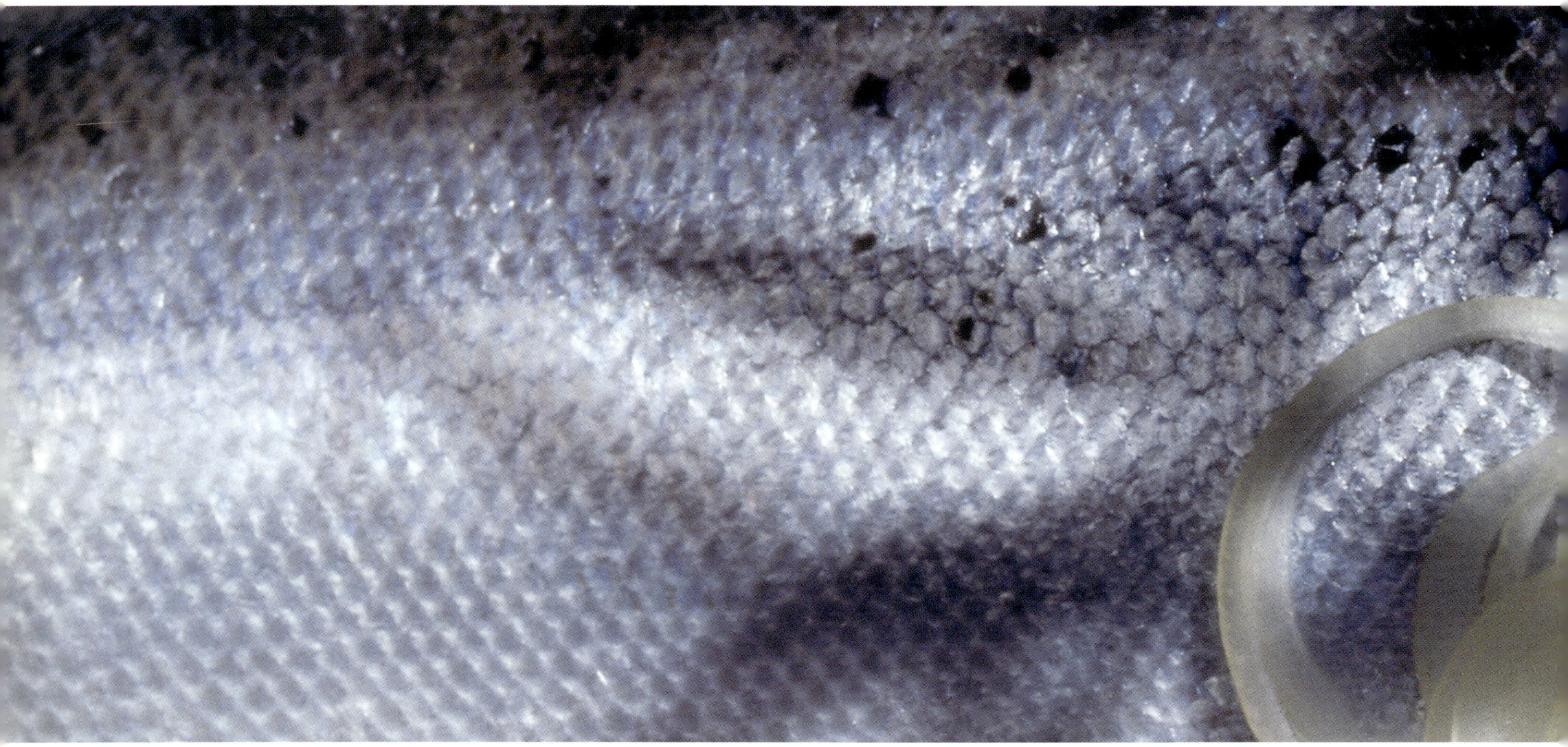

## Lachs und Forelle

# Lexikon

Was haben Lachs und Forelle gemeinsam? Worauf sollte man beim Einkauf des Fisches achten? Und wie nimmt man einen ganzen Fisch fachgerecht aus? Die Antworten auf die wichtigsten Fragen zur Warenkunde und Küchenpraxis in Wort und Bild gibt das ausführliche Lexikon.

Unterschiede zwischen Atlantischem und Pazifischem Lachs erfährt man ebenso, wie alles über Lachszucht und die Familie der Salmoniden. Spezialgeräte für die Fischzubereitung, professionelles Servieren und Vorlegen sowie das Räuchern und Beizen werden erklärt. Step by step, in anschaulichen Bildfolgen, die auch jene, die sich bisher nur an Filets gewagt haben, in die Kunst der Fischzubereitung einführen.

Eckart Witzigmann präsentiert einen besonders schönen Lachs. Der Fisch im Ganzen bietet ihm alle Möglichkeiten der Verarbeitung. Die gute Qualität der fangfrischen Ware ist die entscheidende Voraussetzung für das Gelingen der Rezepte.

# Lachs & Forelle

Lachs und Forelle sind köstliche und begehrte Edelfische, die sich wunderbar für eine Vielzahl von Zubereitungen eignen. Wie auch Saibling und Huchen, gehören sie zur Familie der »Salmoniden«, der lachsartigen Fische. Gemeinsam ist dieser Familie, dass sie kalte und sauerstoffreiche Gewässer bevorzugt und – wenigstens einen Teil ihres Lebens – im Süßwasser verbringt.

## LEBENSMITTEL FISCH

Das Fleisch von Lachs, Forelle & Co ist, wie Fischfleisch überhaupt, in seiner Zusammensetzung ernährungsphysiologisch günstiger als das Fleisch von Warmblütern. Denn die Fische enthalten besonders leicht verdauliches Eiweiß mit niedrigem Bindegewebsanteil und einem hohen Anteil an essenziellen Aminosäuren. Ihre Fettbestandteile, so genannte Omega-3-Fettsäuren, können vom menschlichen Körper nicht selbst gebildet werden, wirken sich jedoch besonders günstig auf ihn aus: Fisch essen schützt die Blutgefäße und senkt das Herzinfarktrisiko.

Lachs, Forelle, Saibling und Huchen unterscheiden sich stark in ihrem Wasser-, Fett-, Eiweiß- und Mineralstoffgehalt. Auch ist der Fettanteil der Fische vom Fanggebiet abhängig und jahreszeitlichen Schwankungen unterworfen. Grundsätzlich lässt sich aber sagen, dass Atlantiklachs, mit einem Fettgehalt von 11 bis 13 %, immer fettreicher ist als der Pazifiklachs, bei dem der Fettanteil zwischen 4 und 8 % schwankt. Wo das Fett ist, da sind auch fettlösliche Vitamine: Je höher der Fettanteil, desto mehr Vitamin A, D und E sind vorhanden.

Die Forelle und der Saibling sind mit 3 bis 8 % Körperfett grundsätzlich sehr mager und daher besonders leicht verdaulich und kalorienarm. Allerdings können die in Deutschland verbreiteten Süßwasserforellen und Saiblinge nur wenig zur Jodversorgung beitragen. Denn reich an Jod sind vor allem Meeresfische. Sie enthalten bis zu 400 µg Jod pro 100 g. Zum Vergleich: Die empfohlene Tagesdosis an Jod liegt bei 180 bis 200 µg. Der Lachs, der sowohl im Süßwasser als auch im Salzwasser beheimatet ist, leistet mit 35 µg Jod pro 100 g einen guten Beitrag zur Jodversorgung. Neben Jod sind auch die Mineralstoffe Fluor, Phosphor, Kalium und Selen reichlich in den Fischen enthalten.

Ein bis zweimal pro Woche Fisch zu essen ist ideal. Aber hier wie überall gilt: zu viel ist ungesund. Die hohe Belastung der Flüsse, Seen und Meere, insbesondere der Küstengewässer, durch den Menschen geht auch an Lachs und Forelle nicht spurlos vorüber. Stark belastet ist besonders das Fettgewebe, so dass »Fettfisch«, mit über 10 % Fett, höhere Schadstoffkonzentrationen aufweist als so genannter »Magerfisch«, bei dem der Fettgehalt unter 1 % liegt. Bei den fettreichsten Teilen des Fisches, wie etwa der Leber und dem Bauchlappen, ist also Vorsicht geboten.

## FRISCHE UND QUALITÄT

Beim Kauf von Fisch sollte auf äußerste Frische geachtet werden, da verdorbenes Fischeiweiß zu gefährlichen Lebensmittelvergiftungen führen kann. Kauft man den ganzen Fisch mit Kopf, lässt sich gute und schlechte Qualität besonders leicht unterscheiden. Die Augen eines frischen Fisches sind prall und klar, die Pupillen schwarz glänzend. Die Kiemen sollten bei einwandfreier Ware leuchtend rot, die Kiemenblättchen einzeln gut sichtbar sein. Aber auch bei bereits filetierten oder portionierten Stücken gibt es deutliche Merkmale für Frische: das Fischfleisch riecht unauffällig nach Seetang, statt penetrant fischig, ist bläu-

lich-durchscheinend und glänzend, fest und elastisch. Auch glatte Schnittflächen sind ein Anzeichen dafür, dass man den Fisch unbesorgt kaufen kann.

Verdorbener Fisch lässt sich dagegen an der beigen Färbung der Schnittflächen, am schlechten Geruch und am milchigen, trockenen oder schmierigen Fleisch erkennen. Bei ganzen Fischen, die schlecht geworden sind, ist im schlimmsten Fall die Haut schleimig. Die Augen sind trübe und die Pupillen geweitet, die Kiemen verklebt und braun. Das Fleisch löst sich bei der Verarbeitung leicht von der Mittelgräte und spätestens bei tranigem Geschmack, sollte man vom Verzehr absehen.

Von der besonders schönen rosa Farbe eines Lachses darf man sich nicht täuschen lassen. Sie ist selten ein Indiz für Frische und Qualität. Der Wildlachs entwickelt seine Farbe, weil er Garnelen und Krebse frisst. Beim Zuchtlachs setzt der Züchter die Farbe des Fisches mit Hilfe einer Farbtabelle fest, mit der er die Menge an Carotinoiden bestimmt, die dem Futter zugesetzt werden.

Am besten ist es, wenn der Händler ganze Fische von Eis umhüllt, aber nicht ganz davon bedeckt, lagert. Ein Filet darf aber nicht direkt mit dem Eis in Berührung kommen, es »verbrennt« sonst durch den Frost stellenweise. Ob die als Frischfisch angepriesene Ware vielleicht doch bereits eingefroren war, lässt sich an den eingefallenen Augen erkennen, die durch das kristallisierende, sich ausdehnende Kammerwasser zerstört wurden. Auf die gleiche Art nehmen auch die Zellwände des Muskelfleisches bei aufgetauter Ware Schaden und verlieren ihre Flüssigkeit. Das Fleisch wird dann trüb und rau und das Gewebe zerfasert leicht. Flüssigkeitsverlust ist auch das Problem bei tiefgefrorener Ware aus dem Kühlregal. Der Fisch verliert durch das Einfrieren den im Zellwasser gebundenen Geschmack, sowie Nähr- und Mineralstoffe.

Einen entscheidenden Einfluss auf die Qualität des Fisches hat die Fangtechnik und Fangdauer. Denn natürlich ist es etwas anderes, ob ein Fisch einzeln am Haken gezappelt hat, oder ob große Mengen im Netz eng zusammengedrückt über eine längere Zeit geschleppt wurden. Auch spielt die Lagerung des Fisches an Bord, auf dem Weg zum Verbraucher, eine Rolle. Für die Endverbraucher ist die Fangmethode nur schwer nachprüfbar. Auch Kennzeichnungen helfen kaum weiter. Als »Lebend frisch« bezeichnet man zum Beispiel die mit Keschern aus einem Fischteich geholte Ware, ebenso wie die mit Elektrofang gefangenen Fische. »Auf See gefrostet« bedeutet, dass man es mit frischem Fisch zu tun hat – der jedoch durch das Einfrieren einen Qualitätsverlust erfahren hat und meist vor der Totenstarre eingefroren wurde, obwohl danach verarbeitete Ware aromatischer ist.

Einen Hinweis gibt es aber: Qualität hat ihren Preis. Von einem besonders günstigen Angebot lässt sich nicht selten auch auf eine besonders ertragreiche Fangmethode schließen.

Der Lachsfang ist in Kanada eine beliebte Freizeitbeschäftigung zur Zeit des Laichaufstiegs.

# Salmo Salar
## Der Atlantische Lachs

Er ist der beliebteste unter den Lachsen und gehört aufgrund seines hervorragenden Fleisches zu den meist gegessenen Speisefischen – der Atlantische Lachs (*Salmo salar*).

▽ **Wohl verpackt auf Eis** gelangt der frische Lachs zum Versand. Etwa 2 bis 3 Tage ist er zum Verbraucher unterwegs. Die Klammer am Kiemendeckel ist ein Kennzeichen für das Herkunftsland Norwegen.

Verbreitet ist der Atlantische Lachs vorwiegend im Nordatlantik und den angrenzenden Binnenmeeren. Er lebt als Raubfisch im Freiwasser, ernährt sich hauptsächlich von kleinen Fischen und Krebsen und reichert Fettreserven an. Im Alter von 3 bis 6 Jahren legt er – je nach Standort und Nahrungsangebot – in der Laichzeit von Juni bis November eine bis zu 6.000 Kilometer lange Wanderung in die Oberläufe der einmündenden Flüsse zurück. Der silberfarbene Blanklachs bekommt im Übergang zur Laiche ein »Hochzeitskleid« mit schwarzen und roten Punkten und wird zum Rogner, zum laichreifen Weibchen. Der Milchner, das laichreife Männchen, ist zudem durch die rote Bauchseite und den nach oben gebogenen Unterkiefer, den so genannten Laichhaken, zu erkennen. Während der Laichwanderung nehmen die Lachse keine Nahrung auf. Dennoch beißen sie – dank ihres Beißreflexes – am Haken der Fischer an. Viele Lachse, besonders die Männchen, überleben die Strapazen der Reise und der Paarung nicht. Die übrigen ziehen ins Meer zurück und nehmen noch einmal an der Laichwanderung teil. Aus den Eiern geschlüpfte Junglachse folgen als Blanklachse, nach 2 bis 4 Jahren im Süßwasser, ihren Eltern ins Meer.

Zum bestandsbedrohenden Rückgang der Wildlachse hat Überfischung, Verschmutzung der Meere und Flüsse und die Verbauung der Laichgewässer geführt. Lediglich 10.000 Tiere durften deshalb im Jahr 2001 von deutschen Hochseefischern gefangen werden. Hoffnung gibt es durch verschiedene Projekte, deren Ziel es ist, den Lachs wieder im Süßwasser anzusiedeln. So soll zum Beispiel ein Programm der Internationalen Rheinschutzkommission dem Lachs zur Wiederansiedlung in seiner alten Heimat, in den Nebenflüssen des Rheins, verhelfen.

**»Blanklachs«** nennt man einen nicht geschlechtsreifen Lachs. Er ist erkennbar an den silberfarbenen Flanken und den schwarzen Flecken am Kopf. In Freiheit kann der Atlantiklachs bis zu 36 kg Körpergewicht und eine maximale Länge von 150 cm erreichen.

△ **Kanadischer Wildlachs**, wie dieses fangfrische Exemplar, ist durch sein muskulöses Fleisch eine besondere Delikatesse.

△ **In den Fjorden Norwegens,** mit dem vom Golfstrom temperierten Wasser des Atlantiks, haben sich schwimmende Netzgehege zur Lachszucht bewährt.

**Gefüttert wird** ▷ Fertigfutter aus Fischmehl und pflanzlichen Rohstoffen. Eine zu schnelle »Fischmast« wirkt sich auf die Qualität der Ware aus.

# Lachszucht

Allein in Norwegen werden 300.000 Tonnen Lachs jährlich in 600 Farmen für den Export gezüchtet – davon 60.000 Tonnen für den deutschen Markt. Mit keinem anderen Fisch wurden so große Erfolge erzielt. Kein Wunder also, dass die Bestände an Wildlachs schon lange nicht mehr ausreichen, um den enormen weltweiten Bedarf zu decken.

**Zum Abfischen der Lachse** kann der Netzboden des Geheges angehoben werden. Schon nach 18 Monaten sind die Lachse schlachtreif.

**Von Fachkräften** wird der geschlachtete Lachs zerlegt und für die Küche fertig gemacht. Beim Versand der Fische muss gleich bleibende Qualität garantiert werden.

**Babylachse** sind kleine Exemplare von Zuchtlachsen. Sie werden bereits mit einem Gewicht von 400 bis 500 g verarbeitet. Sie liefern zarteres Fleisch als große Artgenossen, auch wenn sie im Vergleich zu ausgewachsenen Fischen etwas weniger intensiv im Geschmack sind.

Die Fütterung mit »Pellets« – gepressten Fisch- und Sojamehltabs, die eine bedarfsgerechte Mischung aller Nährstoffe enthalten – macht es möglich, Geschmack, Größe, Gewicht und Farbe des Fisches im Voraus zu bestimmen und den Kundenanforderungen anzupassen.

Die Wasserbelastung rund um die Zuchtstationen durch zu Boden sinkendes Futter ist in die Kritik geraten. Dem versuchen die Züchter inzwischen beizukommen. Die Pellets sinken so langsam, dass die Fische sie bis dahin bequem verzehrt haben. Auch die Besatzdichte wurde in vielen Gehegen verringert.

Neben Netzgehegen, die auf See installiert und dort von Frischwasser umströmt werden, gibt es auch an Land errichtete Seewasserbecken, die jedoch ökonomisch sehr aufwändig sind. Eine dritte Zuchtmethode ist das Sea-Ranching, das das Wander- und Heimkehrverhalten der Lachse ausnutzt, indem diese zunächst ausgesetzt und bei der Rückkehr in ihr Heimatgewässer eingefangen werden.

**Wildlachs (oben) und Zuchtlachs (unten):** Der muskulöse Wildlachs ist ein Naturprodukt mit all seinen Vor- und Nachteilen. Das Angebot ist beschränkt, das Qualitätsrisiko trägt der Verbraucher. Zuchtlachs dagegen garantiert stets gleich bleibende – wenn auch nicht unbedingt bessere – Qualität zum günstigen Preis.

**Die Seiten des Lachses, die Lachsfilets,** sind als Ergebnis des Farmings in Farbe, Größe und Gewicht genau auf die Wünsche der Kunden abgestimmt.

Das Problem bei der künstlichen Zucht des Lachses besteht darin, dass sich die Fische unter natürlichen Bedingungen 2 bis 4 Jahre an den Aufenthalt im Süßwasser anpassen, bevor sie ins Meer abwandern. Erst dort beschleunigt sich ihr Wachstum. Die Zeit im Süßwasser muss also für die Zucht verkürzt werden. Dafür lässt man die Jungfische unter künstlich veränderten Lichtbedingungen und Temperaturen in verkürzten Jahreszeiten aufwachsen. Schon nach etwa 2 Jahren können sie als Speisefisch verkauft werden.

Ein Vorteil von Zuchtlachs ist die konstante Qualität in Aufzucht, Verarbeitung und Transport. Innerhalb von zwei Tagen erreicht frischer Lachs die Verbraucher weltweit.

# Die Pazifischen Lachse

Da in Europa hauptsächlich der Atlantiklachs *(Salmo salar)* angeboten wird, ist Pazifiklachs *(Oncorhynchus)* weniger bekannt – die Unterschiede zwischen beiden sind fein. Der Atlantische Lachs gilt wegen seines höheren Fettanteils als der Schmackhaftere. Die Fettarmut des Pazifischen Lachses, die sich beim Dämpfen und Pochieren positiv auswirkt, ist aber gleichzeitig auch sein Vorteil.

Ein wichtiges Indiz, ob man einen Pazifiklachs vor sich hat, ist die Afterflosse, die länger ist als beim Atlantiklachs.

Bei den Pazifischen Lachsen überlebt nur ein verschwindend geringer Teil das Laichtreiben. Als Wanderfisch steigt der pazifische Lachs in die Zuflüsse des nördlichen Pazifiks und des Eismeeres auf. Fünf Arten zählt man zu den Pazifik-Lachsen.

Der **King Salmon, Chinook, Königslachs** *(Oncorhynchus tschawytscha)* ist der größte, feinste, beliebteste und damit auch teuerste unter den Pazifiklachsen. Er wiegt im Durchschnitt 4 bis 10 kg, bei einer Länge von maximal 1,6 m und kommt im gesamten Westpazifik vor. In Amerika wird er von Alaska bis Kalifornien gefangen. Eingebürgert wurde er auch in Neuseeland und Chile. Sein Kopf ist klein im Vergleich zu seinem relativ hohen Körper. Charakteristisch für den Königslachs sind auch sein gepunkteter Rücken und die große kräftige Schwanzflosse.

**Bei der Fischverarbeitung** ▷▷ **in Seattle** muss der Lachs ausgenommen und filetiert werden, bevor er, zum Beispiel zu Fertigprodukten, weiterverarbeitet werden kann.

**Fangfrischer Pazifiklachs,** ▷ direkt am Hafen eingefroren und in Tranchen geschnitten. Zu »Frozen Salmon« wird vor allem Königslachs verarbeitet. Von Seattle aus gelangt er auf die Märkte Nordamerikas und Asiens.

**King Salmon oder Chinook** ist der absolute Favorit an der amerikanischen Westküste. Von ausgewogenem Geschmack ist sein muskulöses Fleisch, das röter als das des Salmo salar ist.

**Keta-Lachs oder Chum Salmon** *(Oncorhynchus keta)* kann bis zu 1 m lang und 6 kg schwer werden. Männchen im Laichstadium sind an ihrem hohen dunklen Rücken erkennbar. Der Keta-Lachs steigt entweder von Juli bis August (Sommerlachs) oder von August bis September (Herbstlachs) zum Laichen in die Flüsse auf. Verbreitet ist er in den Küstengewässern des Eismeers und des Nordpazifiks, entlang der asiatischen Küste bis Korea und Nordjapan, sowie entlang der amerikanischen Küste bis San Francisco.

Der **Rosalachs oder Buckellachs** *(Oncorhynchus gorbuscha)* hat seinen Namen von den laichreifen Männchen, bei denen sich ein Buckel bildet. Laichreife Männchen dieser Art sind 40 bis 50 cm lang und rosafarben. An dem gedrungenen, im Alter sehr hochrückigen Körper sitzt ein schlanker Schwanzstiel. Verbreitungsgebiet des Buckellachses sind die Küstengewässer des Eismeeres und besonders die asiatische Küste des Nordpazifiks.

Der **Silber- oder Coho-Lachs** *(Oncorhynchus kisutch)* erreicht ein Durchschnittsgewicht von etwa 3,5 kg. Verbreitet ist er im nördlichen Eismeer und vor der asiatischen und amerikanischen Pazifikküste. In Europa wird dieser Lachs seit einigen Jahren auch in Süßwasserteichen gezüchtet.

**Sockeye Salmon oder Rotlachs** *(Oncorhynchus nerka)* ist von eher minderer Qualität, in Japan wegen seines dunkelroten Fleisches aber dennoch beliebt. Dort wird er in großen Mengen gefangen. Der Rotlachs hat einen relativ schlanken Körper, wiegt durchschnittlich 4 kg und wird etwa 45 cm lang.

**Der Keta-Lachs oder Chum Salmon** kommt hier zu Lande öfter als Rogen denn als ganzer Fisch in den Handel. Aus ihm gewinnt man den Keta- oder Lachs-Kaviar. Besonders schmackhaft ist er in Tranchen gebraten oder gegrillt. Auch zum Räuchern eignet er sich gut.

**Der Buckellachs** – hier als Jungfisch, bevor er seinen Buckel trägt. Dieser entwickelt sich erst im zweiten Lebensjahr mit Beginn der Geschlechtsreife. Der Buckellachs wird wegen seines etwas blassen Fleisches häufig zur Konserve verarbeitet. Sein Rogen ist in Japan begehrt.

**Beim Silber- oder Coho-Lachs** tragen die Flanken und der obere Teil des Schwanzes dunkle Flecken. Der Fisch erreicht eine Länge von bis zu 75 cm. Sein schmackhaftes Fleisch eignet sich für alle Zubereitungsarten.

# Forelle, Saibling & Huchen

Schmackhaft und gefragt sind Forellen, Saiblinge und Huchen. Genau wie der Lachs gehören sie zur Familie der Salmoniden. Als Süßwasserfische lieben sie kühle, klare und fließende Gewässer und kommen in zahlreichen Arten vor.

Die **Meerforelle oder Lachsforelle** *(Salmo trutta trutta)* sieht dem Atlantischen Lachs ähnlich und ihr Fleisch ist lachsfarben. Sie hat jedoch mehr und kleinere schwarze Flecken als ein Lachs. Merkmale sind die fast gerade Schwanzflosse und eine rot umrandete Fettflosse. Die Meerforelle ist von Portugal bis zum Weißen Meer verbreitet und wandert wie der Lachs zwischen Meer und Süßwasser. Bei den als »Lachsforelle« angebotenen Fischen handelt es sich meist nicht um diese Art, sondern um Regenbogenforellen, die durch spezielle Fütterung rotfleischig sind. Qualitativ sind sie mit Meerforellen nicht vergleichbar.

**Der Seesaibling** (oben), ein begehrter Speisefisch, hat charakteristische weiß gesäumte Flossen an seiner Unterseite. Er wird zwischen 15 und 75 cm groß. **Der Huchen** (unten) wird von Gourmets als der Beste der Familie geschätzt. Er ist allerdings selten geworden.

◁ **Der Bachsaibling** stammt aus Nordamerika. Da er hohe Ansprüche an die Wasserqualität stellt, ist er stark rückläufig und wird verstärkt in Aquakulturen gezüchtet.

**So verschieden können Forellen aussehen:** Die Regenbogenforelle, hier ein Zuchtfisch von etwa 50 cm Länge (oben); die Goldforelle, die eine besonders schön gefärbte Regenbogenforelle ist (Mitte) und die Bachforelle (unten). ▽

Zwei Forellenarten, die aus dem Westen der USA stammen, sind die **Cutthroat-Forelle** *(Salmo clarki)*, mit einem langen roten Streifen beidseits der Kehle, und die goldglänzende **Golden Trout** *(Salmo aguabonita)*. Beide Arten sind auch in europäischen Gewässern bekannt. Zu den Saiblingen zählende Arten sind an ihrer bunten Färbung während der Laichzeit und am strahlend weißen Längsband an Brust- und Bauchflosse zu erkennen. Der **Bachsaibling** *(Salvelinus fontinalis)* hat zudem orange gefärbte Brust-, Bauch- und Afterflossen, sowie eine dunkel marmorierte Rückenflosse. Frei lebende Bestände kommen in den meisten europäischen Ländern vor. Der **Seesaibling** *(salvelinus alpinus salvelnus)* unterscheidet sich vom Bachsaibling durch die roten Brust-, Bauch- und Afterflossen. Der Seesaibling ist eine stationäre Rasse des **Wandersaiblings** *(Salvelinus alpinus)*, der in den Küstengebieten des nördlichen Eismeers lebt und zum Laichen in die Zuflüsse aufsteigt. Unter den Lachsfischen des Süßwassers ist der **Huchen** *(Hucho hucho)* an der schlanken, im Querschnitt fast runden Körperform zu erkennen. Das Verbreitungsgebiet des Huchen ist eng begrenzt auf den Bereich des Mittel- und Oberlaufs der Donau. Durch die Verschmutzung und Begradigung der Donau sind die Bestände stark zurück gegangen. Wer dennoch einen Huchen bekommt, sollte zugreifen.

Die **Bachforelle** *(Salmo trutta fario)* ist keine eigene Art, sondern eine zeitlebens im Süßwasser lebende Art der Meerforelle, die äußerlich schwer von dieser zu unterscheiden ist. Die Fische können nicht verwechselt werden, eben weil sie in unterschiedlichen Gewässern leben. Bachforellen kommen in den sauerstoffreichen Fließgewässern der europäischen Gebirgsregionen vor. Mit ihrem weißen, grätenarmen Fleisch gehören sie kulinarisch zu den besten Forellen.

Die ursprünglich in Nordamerika beheimatete **Regenbogenforelle** *(Oncorhynchus mykiss)* ist der wirtschaftlich bedeutendste Teichfisch, weil sie schnell wächst und robuster als die kleine Bachforelle ist. Die Regenbogenforelle unterscheidet sich von der Bachforelle durch das Fehlen der roten Augenflecken und ein rotes Band auf den Flanken. An diesem Band erkennt man auch eine als »Lachsforelle« gehandelte Regenbogenforelle.

**Regenbogenforellen** nach der Lachsmethode gezüchtet, werden mit Karotinzusatz gefüttert und bekommen daher ein lachsfarbenes Fleisch.

**Unter dem fließenden kalten Wasser** wird der ausgenommene und geschuppte Lachs sorgfältig gewaschen und abgerieben.

# Lachs vorbereiten

Lachs muss für unterschiedliche Gerichte vorbereitet und portioniert werden, wenn er im Ganzen gekauft oder selbst aus dem Wasser geholt wird. Das Entschuppen ist in jedem Fall der erste Schritt. Die Schuppen mit dem Messer abzuschaben, sollte man allerdings den Könnern überlassen. Denn bei Ungeübten kann leicht die Fischhaut mit der Schneidefläche verletzt werden. Am sichersten und einfachsten geht das Entschuppen mit einem Fischschupper. Ein Tipp für den, der keinen Fischschupper zur Hand hat: Man kann den Lachs auch mit dem Messerrücken entschuppen. So wird die empfindliche Fischhaut nicht verletzt. Das Entschuppen im Wasserbehälter ist die sauberste Methode, über dem Waschbecken geht es aber auch. Danach muss der Fisch unter fließendem kaltem Wasser abgespült und mit den Händen gründlich abgerieben werden. Auf diese Art entfernt man Gewebereste und lose Schuppen.

**Der Fischschupper** ist ein nützliches Spezialwerkzeug. Mit ihm lassen sich die Schuppen entgegen ihrer Wuchsrichtung zum Kopfende hin leicht abschaben.

**Lachskotelett oder Lachssteak** nennt man die quer zur Faser aus dem Kopf- und Schwanzstück geschnittenenen Stücke des Lachses. Das große Mittelstück, auch Darne genannt, eignet sich besonders gut zum Füllen.

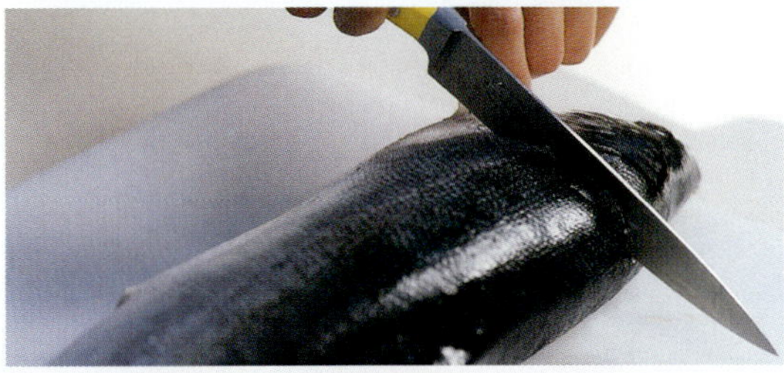

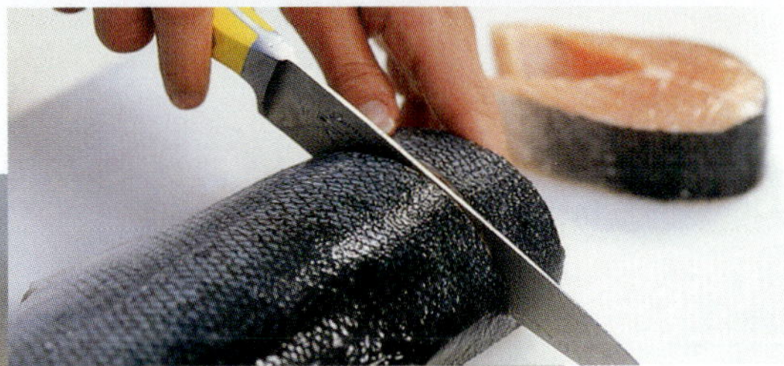

◁ **Lachs in Stücke schneiden:**

Nach dem Ausnehmen und Schuppen des Lachses die Bauchflossen mit einer Küchenschere abschneiden. Mit einem scharfen stabilen Messer den Kopf des Lachses, mit einem geraden Schnitt und unter kräftigem Druck, direkt hinter den Kiemen abtrennen. Den restlichen Fisch je nach Bedarf in Scheiben oder größere Stücke mit Haut und Mittelgräte schneiden.

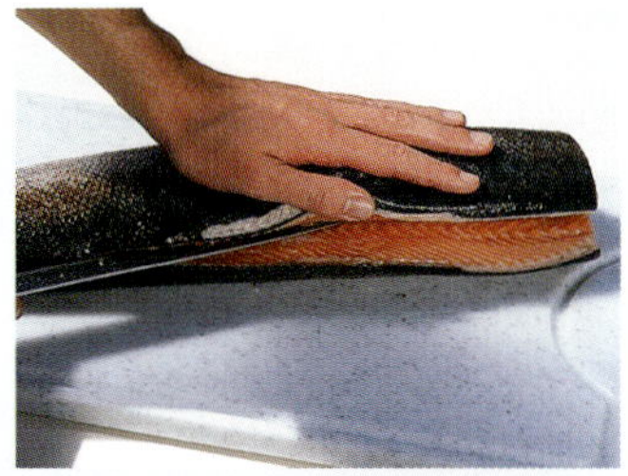

**Lachs filetieren:** ▷

Den Rücken des vom Bauch her ausgenommenen Fisches aufschneiden. Dafür neben der Rückenflosse beginnen und der Länge nach entlang der Mittelgräte schneiden und Bauchhöhlengräten dabei durchtrennen. Danach auch die andere Seite ganz durchtrennen. Das Messer unter die Bauchhöhlengräten führen und diese abheben. Verbliebene kleine Gräten mit der Pinzette ziehen. Die Lachsseite von der Haut befreien. Den Lachs umdrehen und auf der Hautseite den tranigen Mittelstreifen entfernen. Dafür auf beiden Seiten am Streifen entlang etwas einschneiden und den Transtreifen vorsichtig abziehen.

**Die Forelle vom Bauch her ausnehmen:**

Die Flossen anheben und mit einer Küchenschere abschneiden. Die Forelle am Schwanz gut festhalten und mit einem spitzen Messer von der Afteröffnung aus zum Kopf hin die Bauchhöhle vorsichtig aufschneiden. Dabei das Messer möglichst flach führen, damit die Innereien auf keinen Fall verletzt werden. Eingeweide an der Afteröffnung lösen und vorsichtig nach vorne herausziehen.

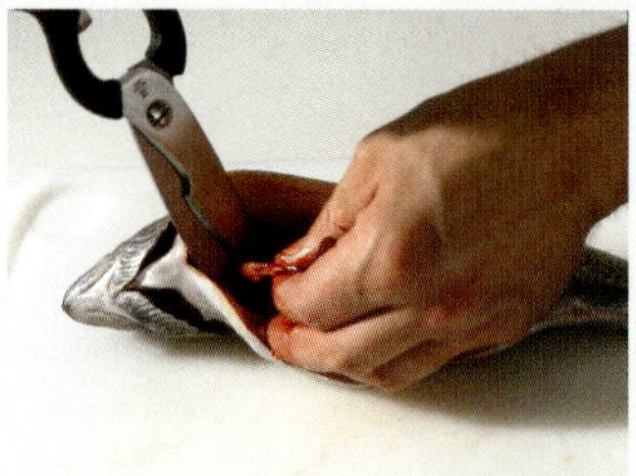
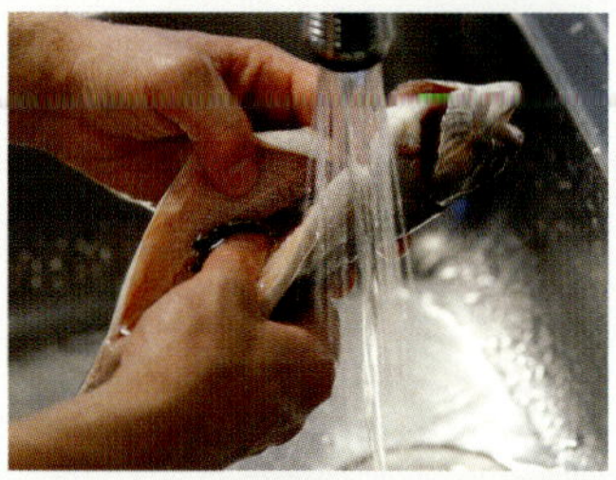

**Forelle reinigen und filetieren:**

Die Eingeweide am Schlund vorsichtig mit der Schere abschneiden und herausnehmen, ohne die schwarzgrüne Galle zu verletzen. Kiemen an der Ansatzstelle abschneiden und herausziehen. Die Bauchhöhle unter fließendem, kaltem Wasser gründlich säubern und dabei die dunkelrote Niere – die schlauchartig an der Wirbelsäule entlang läuft – mit dem Daumen herausschaben. Mit einem scharfen Filetiermesser hinter dem Kopf einen Schnitt zur Mittelgräte hin machen und diesen an der Mittelgräte entlang bis zum Schwanz fortführen; die Seite abheben. Die Forelle umdrehen und mit der anderen Seite ebenso verfahren.

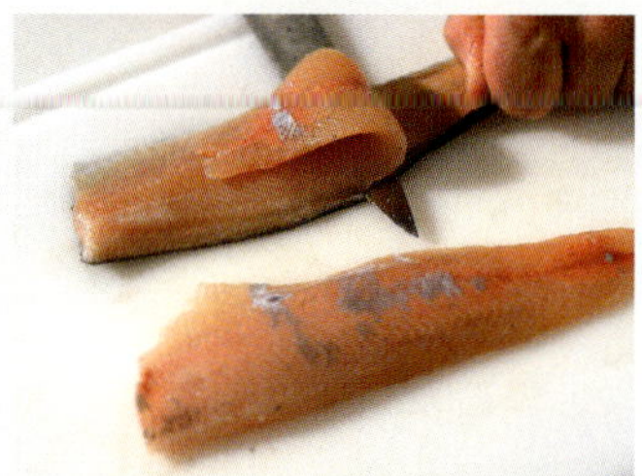

**Die Filets enthäuten:**

Die Bauchhöhlengräten entfernen. Dazu ein Messer in der Mitte des Filets unter die Gräten führen und diese zum Rand hin ganz flach über dem Filet wegschneiden. Verbliebene kleine Gräten mit der Pinzette entfernen. Am Schwanzende des Filets einen Schnitt zwischen Fleisch und Haut machen. Freiliegendes Hautende festhalten und das Filet direkt auf der Haut in Richtung Kopfende abschneiden. Anderes Filet ebenso enthäuten.

# Forelle vorbereiten

Verschiedene Möglichkeiten, eine Forelle vorzubereiten führen zu unterschiedlichen Ergebnissen: Vom Bauch her ausgenommene Fische lassen sich gut filetieren, vom Rücken her ausgenommene ausgezeichnet füllen.

## DURCH DIE KIEMEN AUSNEHMEN

Das Aroma im Fisch »gefangen« halten, kann man mit einer eher selten angewandten Methode: dem Ausnehmen durch die Kiemen. Sie empfiehlt sich auch dann, wenn der gefüllte, ganze Fisch gegrillt werden soll. Dafür mit einem scharfen, spitzen Messer den Darm vor der Afterflosse am After rundum ablösen,

Die Lachsforelle (links) und die Bachforelle (rechts) werden auf die gleiche Art vorbereitet, wenn sie zum Beispiel mit Kräutern gefüllt werden sollen.

damit er beim Herausziehen durch die Kiemen nicht abreißt. Die Kiemendeckel wegklappen und Kiemen zuerst am oberen Ende, wo sie befestigt sind, dann am unteren Ende abschneiden und entfernen. Mit Daumen und Zeigefinger in die Kiemenöffnung greifen und durch vorsichtiges Ziehen prüfen, ob der Darm vom After vollständig gelöst ist. Die Innereien sehr vorsichtig herausziehen. Sobald die Leber sichtbar wird, behutsamer weiterarbeiten, damit die anhängende Galle nicht verletzt wird, da ihre Flüssigkeit das Fleisch ungenießbar macht. Den ausgenommenen Fisch auswaschen und nach Belieben füllen.

**Forelle vom Rücken her ausnehmen:**

Mit einem kurzen Messer einen Schnitt vom Kopf bis zum Schwanz an der Mittelgräte entlangführen.

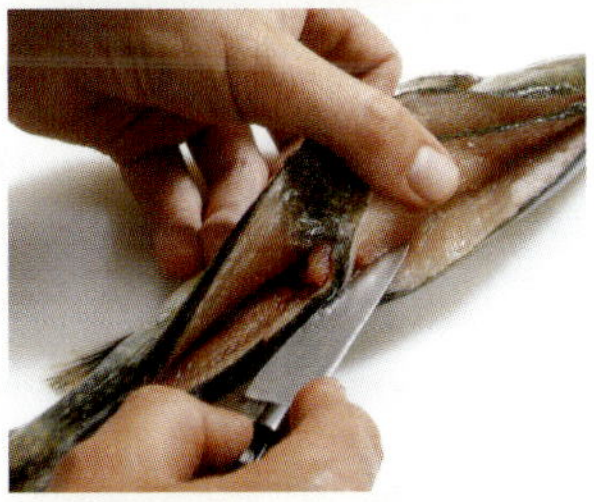

Auf der anderen Seite der Rückenflosse ebenfalls einen Schnitt machen und das ganze Rückgrat freilegen.

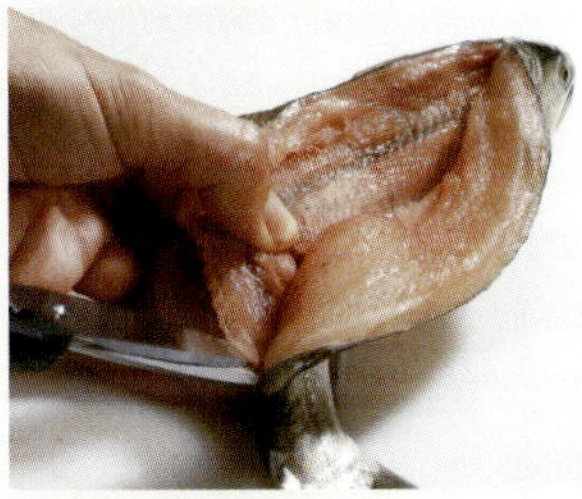

Mit einer Küchenschere die Mittelgräte möglichst weit hinten am Schwanz abschneiden und herausheben.

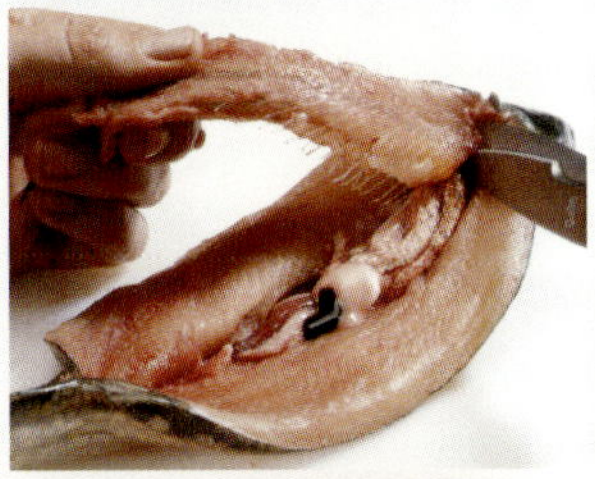

Das Rückgrat auch am Kopfansatz durchtrennen und ganz herausnehmen ohne die Innereien zu verletzen.

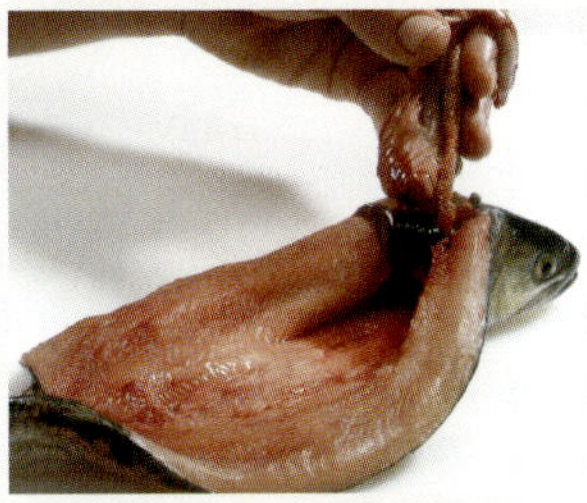

Innereien von der Afteröffnung lösen, nach vorne herausheben und vorsichtig am Kopf abschneiden.

Den Fisch umdrehen und die Rückenflosse abschneiden. So eignet sich die Forelle ausgezeichnet zum Füllen.

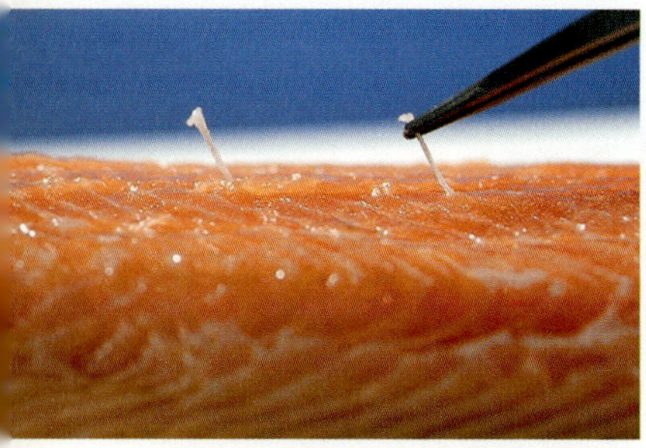

**Feine Gräten** bleiben nach dem Filetieren in den Fischseiten zurück. Vor dem Beizen sollte man sie mit den Fingern ertasten, so dass sie herausstehen und mit einer Pinzette entfernen.

# Gebeizter Fisch

Graved Lachs, Gravad Lax, Gravlax oder auch Gravlaks – der Name kommt von dem norwegischen Wort »gravad«, das eingraben bedeutet. Bei dieser Konservierungsmethode wurde der Lachs in früheren Zeiten in der Erde vergraben, wo die richtige Temperatur zum Beizen – nämlich 8 bis 10 °C – herrschte. Da das etwa Kühlschranktemperatur ist, haben wir es heute leichter. Graved Lachs kann man problemlos selber machen. Der im Kühlschrank gebeizte Fisch hält sich 2 Tage.
Auch andere Fische, wie zum Beispiel die Lachsforelle, werden nach Graved-Lachs-Methode gebeizt. Auf jeden Fall sollte der Fisch äußerst frisch, von hervorragender Qualität und eher etwas fetter als zu mager sein.

Bei den Rezepturen für Graved Lachs sind der Phantasie kaum Grenzen gesetzt. In Skandinavien haben viele ihr eigenes, wohl gehütes Rezept. Unverzichtbar für diese Methode ist die Zugabe von Salz und Zucker und das Beschweren des Fisches. Das Salz entzieht dem Lachs Wasser. Durch den Druck der Gewichte tritt Flüssigkeit aus dem Lachs aus, die zusammen mit dem Salz eine Lake bildet, die den Fisch haltbar macht. Die Zutaten der Rezepte auf dieser Seite für gebeizten Lachs oder Forelle, kann man gegeneinander austauschen. Allerdings sollte man dabei unbedingt darauf zu achten, die Zutatenmengen auf das Fischgewicht abzustimmen. Der fertige Graved Lachs wird, im Gegensatz zum Räucher-

**Lachsforelle gebeizt:**

Filet mit der Hautseite nach unten in die Form legen und mit etwa der Hälfte der Gewürze gleichmäßig bestreuen.

Das zweite Filet mit restlichen Gewürzen bestreichen und mit der Haut nach oben auf das erste Filet legen.

Danach das Lachsforellenfilet mit dem ganzen grob geschnittenen Dill gut bedecken.

Filets beschweren und mit Folie abdecken. 2 Tage im Kühlschrank marinieren und nach 24 Stunden wenden.

Den Fisch löffelweise mit Cognac beträufeln. Wer möchte kann den Cognac auch durch Limettensaft ersetzen.

Gebeizte Lachsforelle schmeckt besonders gut dünn geschnitten, mit der selben Senfsauce wie der Lachs.

## ZUTATEN

Gebeizte Lachsforelle
1 Lachsforelle von etwa 1,5 kg
40 g grobes Salz
30 g Zucker
1 TL grob zerstoßene Pfefferkörner
1 Bund frischer Dill
6 cl Cognac oder statt dessen einige Spritzer Limettensaft

lachs, eher dick aufgeschnitten. Auf die traditionell dazu gereichte Senfsauce sollte man auf keinen Fall verzichten – sie ist eine delikate schwedische Spezialität. Nebenstehende Zutaten dafür einfach miteinander verrühren und den Lachs mit der Sauce servieren. Dazu passt Graubrot oder Baguette. Eine Variante der Senfsauce, wenn es schnell gehen soll: Zu gleichen Teilen scharfen Senf und Honig verrühren, 1 Bund geschnittenen Dill einrühren und mit Salz und frisch gemahlenem schwarzen Pfeffer würzen.

## LACHS IN GEMÜSEBEIZE

Die Möhren schälen und würfeln, die Frühlingszwiebeln gründlich waschen und in feine Ringe schneiden, die Schalotten fein würfeln. Die äußere Schicht von der Fenchelknolle entfernen und den Fenchel klein würfeln. Die Orangen und die Zitrone heiß abwaschen, die Enden abschneiden und die Frucht in dünne Scheiben schneiden. Den geschnittenen Dill mit dem Salz und Zucker vermengen. Die Lachsseite mit der Haut nach unten in eine Form legen. Mit der Mischung aus Gewürzen und Kräutern bestreuen und mit einem Holzbrett abdecken. Brett etwas beschweren und mit Alufolie bedecken. Die Lachsseite im Kühlschrank 48 Stunden beizen. Nach etwa 24 Stunden den Lachs einmal wenden. Dazu passen kleine Reibekuchen und Senfsauce.

### ZUTATEN

Graved Lachs
2 Lachsfilets, insgesamt 1,5 kg
40 g Salz, 60 g Zucker
2 TL grober Pfeffer
2 Bund Dill, grob geschnitten
1/2 Bund Kerbel
1 Bund glatte Petersilie
1 Bund Zitronenmelisse
Für die Senfsauce:
2 EL scharfer Senf, 1 TL Senfpulver
2 EL Zucker, 2 EL Weißweinessig
4 EL Sonnenblumenöl
3 EL frisch gehackter Dill

### ZUTATEN

Lachs in Gemüsebeize
1 Lachsseite, etwa 1,5 kg
2 Möhren
1 Bund Frühlingszwiebeln
2 Schalotten
1 Knolle Fenchel
2 unbehandelte Orangen
1 unbehandelte Zitrone
1 Bund Dill, grob geschnitten
40 g Salz, 60 g Zucker

# Geräuchertes

Das Räuchern ist eine der ältesten Konservierungsmethoden überhaupt. Heutzutage wird das Verfahren jedoch längst eher zum Veredeln als zum Haltbarmachen von Lebensmitteln angewandt. Grundsätzlich unterscheidet man zwischen Kalt- und Heißräucherung.

Für die **Kalträucherung** benötigt man einen speziellen Räucherofen mit Rauchabzug. Die ausgenommenen und nach Belieben gewürzten Fische werden darin hängend bei einer Temperatur von 15 bis 20 °C geräuchert. Der Vorgang erstreckt sich – je nach Fischart – über einen Zeitraum von 1 bis 6 Tagen. Bevorzugt wird diese Methode bei Lachsen und Meerforellen angewendet. Von den Lachsarten sind der Salmo salar, der Chinook und der Coho kalt geräuchert am beliebtesten. Kalt geräucherter Fisch hält sich im Kühlschrank bis zu 2 Wochen.

**Selbst kalt räuchern** kann nur, wer einen speziellen Ofen mit entsprechendem Abzug hat. Kalt geräucherte ganze Lachsseiten bekommt man beim Händler häufig noch mit Haut und Gräten. Beides sollte vorm Servieren mit dem Filetiermesser entfernt werden.

Für die **Heißräucherung** werden die gewaschenen und von Schuppen befreiten Fische vor dem Räuchern für etwa eine Stunde in eine milde Salzlake eingelegt. Danach werden sie im Räucherofen bei 70 bis 90 °C für maximal 4 Stunden geräuchert. Die Räucherzeit hängt von der Fischart und der Größe des Stückes ab. Die goldgelbe Farbe und das besondere Raucharoma erhält der Fisch am Ende des Räucherprozesses in der »Dämpfphase«, in der die Luftzufuhr gedrosselt und das bis dahin brennende Räuchermaterial mit feuchten Spänen zugedeckt wird, so dass sich

ein schwelender feuchter Rauch bildet. Im Gegensatz zu kalt geräucherter Ware ist heiß geräucherter Lachs nur 3 Tage haltbar.

**Selbst heiß räuchern** kann man zu Hause mit einfachen Mitteln. Wer möchte, kann dabei auf das Einlegen in Salzlake verzichten. Gebraucht wird ein Wok mit Deckel und Gitteraufsatz, Räuchermehl und einige frische Lachstranchen. Der Lachs wird nach Belieben mit Gewürzen und gehackten Kräutern eingerieben, das Wok-Gitter mit Alufolie umspannt, einige Löcher in die Folie gestochen und die Folie mit Öl bestrichen. Das Räuchermehl wird in den Wok gegeben, der Lachs auf das Gitter und der Deckel auf den Wok gelegt. Jetzt nur noch den Wok erhitzen und den Fisch heiß räuchern, bis die Stücke appetitlich goldgelb aussehen.

Auch wer einen Räucherofen hat, kann heiß räuchern. Man sollte dann aber die Fische an einem speziellen Räucherhaken aufzuhängen. Nicht jeder beliebige Metallhaken leistet gute Dienste: Der Lachs wird durch das Räuchern weicher und kann vom Haken in die Glut fallen, wenn der Haken nicht richtig »greift«.

Ob ein geräucherter Lachs frisch ist, ist an seinem angenehmen Rauchgeruch erkennbar: Er darf nicht nach Ammoniak riechen. Seine Färbung sollte regelmäßig und nicht zu dunkel sein. Wenn die Ware an den Rändern ausgetrocknet ist, ist der Fisch ebenfalls alt.

**Haut und Gräten von der Seite entfernen:**

Das Filetiermesser von der Mitte des Fisches zum Rand führen. Auf diese Art die feste Räucherhaut mit Bauchgräten abschneiden.

Die restlichen kleinen Gräten »aufspüren«, indem man mit den Fingern über das Filet streicht. Gräten mit der Zange herausziehen.

△ **Eine Lachsseite**, kalt geräuchert, vom King Salmon hat einen mittleren Fettgehalt von etwa 11 % und ist dadurch kräftiger im Geschmack als die anderen, noch fettärmeren, pazifischen Arten.

▽ **Salmo salar** gehört zu den Atlantischen Arten. Er hat kalt geräuchert einen Fettgehalt von 13,6 %.

**Über Sandelholz** geräucherter Lachs (oben) nimmt den feinen Geschmack des Holzes an. Die Lachstranche geschnürt und doppelt kalt geräuchert (unten) ist eine originelle Marketingidee.

# Räucherspezialitäten

Auf eine große und vielleicht auch etwas verwirrende Auswahl an Räucherlachs kann der Verbraucher heute zurückgreifen. Wer jedoch die grundsätzlichen Unterscheidungsmerkmale kennt, kann diese beim Händler erfragen: Geräuchertes vom Lachs gibt es von den Atlantischen und Pazifischen Arten, aus Zucht- oder Wildlachs und aus verschiedenen Herkunftsländern. Nicht selten wird auch die Meerforelle, mit ihrem lachsfarbenen Fleisch, als »Räucherlachs« verkauft. Einen Unterschied in Geschmack, Konsistenz und Haltbarkeit macht es, ob man sich für heiß oder kalt geräucherten Lachs entscheidet. Häufig

**Der Balik-Lachs** hat seinen Namen von der Schweizer Firma »Balik«, wo man das Original bekommt. Doch auch hier zu Lande wird nach diesem Verfahren zubereiteter Lachs verkauft.

**Nach der Stremellachs-Methode** wurde in diesem Fall ein ganzer Lachs heiß geräuchert. Normalerweise wird Stremellachs portioniert angeboten.

**Forellen und Saiblinge** werden in den Rauch gehängt. So kann dieser die Fische gut umströmen und das typische Aroma sich frei entfalten.

wird der Fisch vor dem Räuchern mit Kräutern oder Gewürzen eingerieben oder durch das Aroma des Räucherholzes – etwa Erle, Buche, Esche oder Birke – verfeinert. Mal wird Lachs im Ganzen, mal portioniert angeboten. Eine bekannte Delikatesse ist der **Stremellachs**, der in Tranchen geschnitten heiß geräuchert wird. Er ist ein saftiger Leckerbissen, der ganz hervorragend zu Kartoffeln und Blattsalaten passt. Eine besondere Spezialität ist auch der edle **Balik-Lachs**. Man verwendet bei dieser Methode nur das magere Rückenfilet und entfernt den fetthaltigeren Bauchlappen. Das Rückenfilet wird kalt geräuchert und schmeckt besonders mild.

## GERÄUCHERTE FORELLEN

Auch Räucherforellen erfreuen sich großer Beliebtheit. Sie schmecken nicht nur ausgezeichnet, sondern sind auch fett- und kalorienärmer als andere Räucherware. Besonders häufig werden zuvor ausgenommene Regenbogenforellen verarbeitet. Sie haben auf 100 g gerade mal 120 kcal. Nur frisch ist die Forelle mit 113 kcal/100 g noch leichter. Viele Züchter bieten in Teichwirtschaften neben den frischen Forellen auch heiß oder kalt geräucherte Ware an. Eine regionale Spezialität sind wacholdergeräucherte Forellen. Für andere Gewürz- oder Kräutermischungen zum Einreiben der Fische haben viele Räuchereien eine eigene Rezeptur, deren Zusammensetzung sie nicht verraten.

**Frisch geräuchert** ist diese Lachsforelle unwiderstehlich. Die Haut lässt sich leicht ablösen – unter ihr liegt der pure Genuss.

**Mit der Pinzette** lassen sich die letzen kleinen Gräten aus der Seite am besten entfernen, ohne das Fischfleisch zu verletzen, findet auch Eckart Witzigmann.

# Helfer für die Fischküche

Bei der Zubereitung vieler Gerichte kommt man meistens ohne Spezialgeräte aus. Andererseits erleichtern Hilfsmittel – wie etwa der Fischschupper – so manchen Arbeitsschritt erheblich und sind in der Regel nicht zu teuer. Für Fische, die im Ganzen gekauft werden, lässt sich auf ein stabiles Messer zum Abtrennen des Kopfes nicht verzichten. Ein flexibles und scharfes Filetiermesser braucht man für kleine bis mittelgroße Fische und ein Lachsmesser ist hilfreich, um von der geräucherten Lachsseite gleichmäßig dünne Scheiben abzuschneiden. Lachsmesser mit Kuhlenschliff kann man sowohl zum Tranchieren von ganzen Räucherlachsseiten als auch für Graved Lachs verwenden. Durch die unebene Oberfläche lassen sich die einzelnen Scheiben besser vom Messer lösen, zumal sich in den Vertiefungen etwas Fett ansammelt. Bei Töpfen und Pfannen bestimmt die Form des Fisches das Gargerät: Große Fische im Ganzen gart man am besten in einer Fischkasserolle mit Siebeinsatz, in dem sie sich dann auch wieder leicht herausheben lassen.

**Geräte und Hilfsmittel** für die Bearbeitung der Fische (von oben): Fischschupper; Fischmesser mit Schupper; Grätenpinzette zum Entfernen kleiner Gräten; Grätenzange zum Herausziehen der kräftigen Bauchgräten.

**Schneidewerkzeuge** (von oben): Allzweckschere zum Aufschneiden der Bauchseite oder zum Abschneiden der Flossen; Gabel zum Vorlegen des Graved Lachs; großes Messer; Lachsmesser; Lachsmesser mit Kuhlenschliff; Sägemesser; Universalmesser.

**Gargefäße** (von unten): Fischkessel (Kasserolle) mit Einsatz zum Garen in Flüssigkeit oder auch zum Dämpfen; Kochtopf; Wok mit Gitteraufsatz und Deckel, zur Zubereitung asiatischer Gerichte oder auch zum Heißräuchern.

**Zum Braten** (von links): Beschichtete Pfannen zum schonenden Braten mit einem Bratenwender aus Holz, um die Beschichtung der Pfanne nicht zu verletzen; ovale Fischpfanne aus Edelstahl, mit Edelstahlwender.

**Zum Passieren** (von links): Trommelsieb zum Durchstreichen von Massen und Farcen mit Plastikschaber und Metallspachtel; Rund- und Spitzsieb zum Passieren von Suppen und Saucen. Ein Mulltuch ist hierfür zusätzlich von Nutzen.

**Zur Formgebung** (von oben nach unten): Dachrinnenform; dünne Fischausstecher; Terrinenform aus Keramik; glatte, runde Ausstecher in verschiedenen Größen; Trapezform für Fischpasteten; Timbalförmchen zum Portionieren von Farcen.

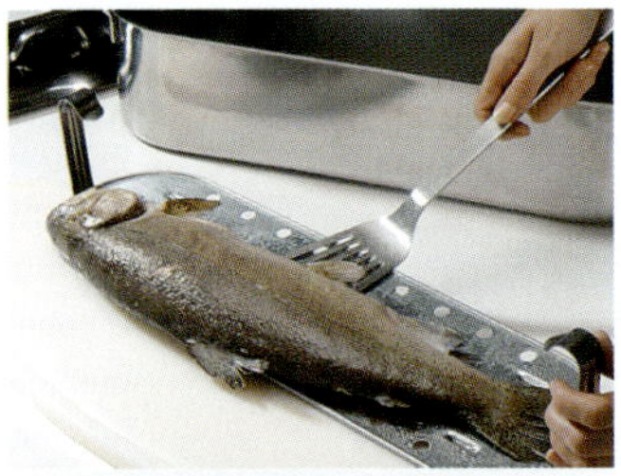

# Servieren und Vorlegen

**Das Auslösen vorbereiten:**

Den Fisch aus der Fischkasserolle heben und auf das Tranchierbrett oder eine Platte legen. Rückenflosse, einschließlich der Flossenträger mit Fischmesser und Gabel herausziehen. Die Haut zunächst entlang des Rückens und dann an Kopf und Schwanz mit leichtem Druck durchtrennen.

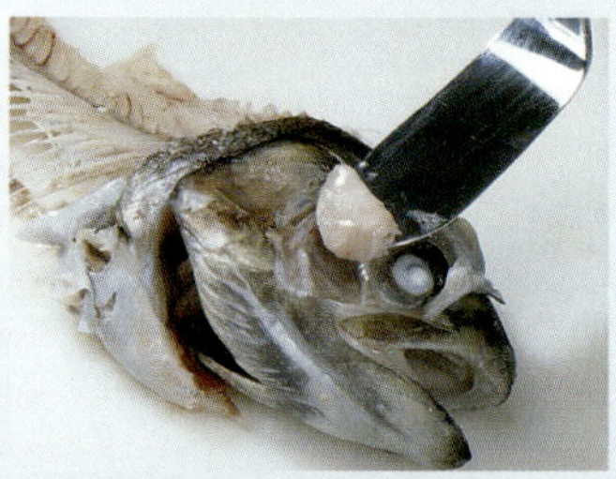

**Das erste Filet vorlegen:**

Die am Kopf abgetrennte Haut mit dem Fischmesser vorsichtig aufrollen und vollständig entfernen. Das obere Filet mit dem Fischmesser hinter dem Kopf abtrennen. Das Filet vorsichtig von der Mittelgräte abheben – dafür auch die Gabel zu Hilfe nehmen – und zum Servieren auf eine vorgewärmte Platte legen.

**Das zweite Filet auslösen:**

Mit dem Fischmesser das untere Filet vom Schwanz trennen. Das Skelett abheben, das Filet hinter dem Kopf abtrennen und mit der Hautseite nach oben auf die Platte legen. Die Haut abziehen. Die Kiemendeckel von hinten anheben und die feinen Bäckchen mit dem Messer herauslösen.

**Ein Fisch-Vorlegebesteck** (rechts) tut beim Zerlegen des Fisches gute Dienste. Mit dem breiten Messer und der Gabel lassen sich auch große Filets lösen und abheben. Das Fisch-Essbesteck (links) findet man neben dem Teller. Für Gerichte mit viel Sauce wird zusätzlich ein Saucenlöffel aufgedeckt.

Optisch ein Genuss ist es, dem gut ausgebildeten Kellner beim fachgerechten Zerlegen eines Lachses oder einer Forelle zuzusehen. Mit etwas Übung und Geschick ist es aber keine Kunst, es ihm gleich zu tun.

Der fertig zubereitete Fisch wird entweder in der Küche vom Skelett befreit, oder man zelebriert das Vorlegen für Gäste am Tisch. Wichtig ist dabei allerdings nicht nur, dass die Filets unbeschädigt im Ganzen von den Gräten abgehoben werden, sondern auch, dass es schnell geht. Denn was nützt ein sorgfältig ausgelöstes Filet, wenn es inzwischen schon wieder abgekühlt ist.

Nachdem die erste Fischseite vorgelegt wurde, entfernt man die Gräten und stellt den Rest warm. Bei blau gekochten Fischen wird oft der Fischkessel mit auf den Tisch gebracht. Die blaue Haut wird normalerweise vor dem Essen entfernt. Gegrillte Fische legt man dem Gast im Ganzen vor, weil in diesem Fall die knusprige Haut gern mitgegessen wird. Das Zerlegen von Räucherfisch funktioniert genau gleich, hier isst man die Haut meist nicht mit.

## DEN FISCH GARNIEREN

Der Saft von Zitronen oder Limetten ist ein feines Würzmittel für viele Fischgerichte. Wenn sich der Geschmack im Gericht wiederholt, sind die Zitrusfrüchte in Achtel, Scheiben oder halbe Früchte geschnitten auch eine schöne Garnitur. Wenn sie aber geschmacklich nicht ins Essen gehören, sollte man den Fisch auch nicht mit ihnen garnieren.

In vielen Fällen passen besser einige Zweige Zitronenmelisse oder Dill, ein Tupfer Meerrettich, eine aufgeschnittene gegrillte Tomate zum gegrillten Fisch, ein Tomatengelee zu pochiertem oder auch Fleurons – klassisches kleines Blätterteiggebäck – vielleicht in Fischform ausgestochen. Vor allem sollten Garnituren geschmacklich und farblich mit den anderen Zutaten harmonieren. Grundsätzlich sind sie dazu da, um das Auge anzusprechen und dem guten Essen auch optisch Eleganz zu verleihen. Daher dürfen sie nicht zu eng auf dem Teller arrangiert werden, sondern sollten genügend Raum haben, so kommen sie besser zur Geltung.

**Weiß- oder Rotwein** zum Fisch – schon lange ist beides erlaubt. Was besser ist, richtet sich neben der persönlichen Vorliebe vor allem nach der dazu gereichten Sauce und der Zubereitungsart. Ein fruchtiger leichter Rotwein passt gut gekühlt hervoragend zum Fisch auf Tomatensauce.

# Snacks & Salate

Als Grundlage für ausgesuchte kleine Leckerbissen oder als Ergänzung für knackige Salate sind sie ideal, die feinen Fische aus der Familie der Salmoniden mit ihrem wohlschmeckenden, festen Fleisch. Das empfiehlt sich vor allem geräuchert – dann sind den Kombinationsmöglichkeiten kaum noch Grenzen gesetzt: Ob mit Ei, Spargel oder Melone, ob als Tellersülze oder als Terrine, Lachs und Forelle aus dem Rauch passen sich nahezu jeder Genießeridee perfekt an. Und wer ein wenig experimentierfreudig ist, kann seinen Fisch sogar selbst räuchern – dass das gar nicht so schwer ist, beweisen einige Rezepte im folgenden Kapitel. Die beste Dekoration für solche kalten Köstlichkeiten »liefern« die Fische übrigens auch gleich: delikaten Kaviar.

**Keta-Kaviar,** der appetitlich-rote Rogen vom Lachs, ist großkörnig und sehr empfindlich.

**Zum Garnieren wie geschaffen · Der von Natur aus orangefarbene Rogen von Lachs und Forelle · Wesentlich preiswerter als der »echte« vom Stör**

# Kaviar

Bei Kaviar von Lachs und Forelle gilt dasselbe wie für jenen vom Stör: Es handelt sich dabei um ein sehr empfindliches Produkt, das nur begrenzt haltbar ist. Frischer Kaviar sollte stets bei – 2 °C gelagert werden, wobei – 4 °C nicht unterschritten werden dürfen, da sich sonst Geschmack und Konsistenz verändern können. In normalen Haushalten ist dies nur schwer einzuhalten, wohl nicht zuletzt deshalb haben sich Dosen oder Gläser mit pasteurisierter Ware durchgesetzt. Während Forellenkaviar – qualitativ dem Lachs-

**Forellen-Kaviar** – hier in unterschiedlicher Verpackung – schmeckt frisch, nur leicht gesalzen, am besten. Mit seiner leuchtend orangen Farbe ähnelt er optisch dem Keta-Kaviar, hat allerdings ein wesentlich kleineres Korn. Forellen-Kaviar ist zudem schwarz gefärbt (oben) erhältlich.

Kaviar durchaus ebenbürtig – vorwiegend aus deutschen und dänischen Teichwirtschaften stammt, sind die Hauptproduzenten von Keta-Kaviar Russland und die USA (Westküste). Zwar wird der Rogen vom Lachs – gleich welcher Art – grundsätzlich als Keta-Kaviar gehandelt, der wichtigste und am meisten geschätzte stammt aber tatsächlich vom Chum salmon oder Keta-Lachs. Doch egal, ob von Lachs oder Forelle, ob orange oder schwarz, zum Garnieren und Verfeinern von kleinen Häppchen wie etwa den Windbeuteln, sind beide Sorten bestens geeignet.

## WINDBEUTEL MIT LACHS & KAVIAR

Die Menge der Füllungen ist für je 8 Windbeutel berechnet. Für den Teig 1/4 l Wasser, Butter und Salz unter ständigem Rühren aufkochen lassen. Das gesiebte Mehl auf einmal zuschütten, dabei ununterbrochen kräftig weiterrühren, bis sich die Masse als Kloß vom Topfboden löst und eine weiße Haut den Topfboden überzieht. In eine Schüssel umfüllen, etwas abkühlen lassen. 1 Ei unterrühren, bis es sich vollständig mit der Masse verbunden hat. Nach und nach die restlichen Eier einarbeiten – jedes einzelne muss gut untergerührt sein, bevor das nächste folgt. Wenn der Teig glatt und glänzend vom Löffel fällt, in einen Spritzbeutel (Sterntülle Nr. 3) füllen und auf ein leicht gefettetes Blech kleine Rosetten spritzen. Die Windbeutel bei 220 °C im vorgeheizten Ofen 15 bis 20 Minuten backen, herausnehmen und noch heiß quer halbieren.

Die Zutaten für die Limetten-Käse-Creme verrühren. Mit dem Spritzbeutel (Sterntülle Nr. 10) in 8 Windbeutelböden füllen. Je 1 Lachsstück auflegen, mit Forellenkaviar und Dill garnieren und den Deckel aufsetzen.

Für die scharfe Kräutercreme alle Zutaten verrühren und diese mit einem Löffel auf 8 Windbeutelhälften verteilen. Das Eigelb aus den Wachteleihälften entfernen, diese auf die Kräutercreme setzen, mit Forellenkaviar füllen und das passierte Eigelb darüber streuen.

Lachs für das Tatar sehr fein würfeln, mit den sehr fein gehackten Frühlingszwiebeln vermischen und mit Salz, Pfeffer, Dill und Limettensaft würzen. Öl einrühren und das Lachstatar auf 8 Hälften verteilen. Mit schwarzem Forellenkaviar garnieren, Deckel aufsetzen.

Alle Zutaten für die Frischkäsecreme glatt rühren, die Creme in 8 Hälften füllen (Sterntülle Nr. 10), mit Keta-Kaviar und Schnittlauchspitzen garnieren. Anrichten und servieren.

### ZUTATEN

Für den Brandteig:
100 g Butter, 1 Messerspitze Salz
250 g Mehl, 4 bis 5 Eier
Für die Limetten-Käse-Creme:
200 g Doppelrahm-Frischkäse
30 g Crème fraîche, abgeriebene Schale von 1 Limette, 1 TL Limettensaft, Salz, Zitronenpfeffer
Für die scharfe Kräutercreme:
200 g Doppelrahm-Frischkäse, 30 g Crème fraîche, 40 g Frühlingszwiebeln, fein gehackt, Fruchtfleisch von 1 kleinen roten Peperoni, gehackt
1 EL gehackte Kräuter (Dill, Petersilie, Schnittlauch), Salz, Pfeffer
Für das Lachstatar:
200 g Lachsfilet, ohne Haut
30 g Frühlingszwiebeln, geputzt
Salz, Pfeffer, 1 EL geschnittener Dill
1 EL Limettensaft, 3 EL Olivenöl
Für die Frischkäsefüllung:
200 g Doppelrahm-Frischkäse
3 bis 4 EL Sahne, Salz, Pfeffer
Außerdem:
8 Scheiben Räucherlachs von je 15 g
Forellenkaviar, orange und schwarz
Dillspitzen, 4 hart gekochte Wachteleier, geschält und halbiert
Keta-Kaviar, Schnittlauchspitzen

## ZUTATEN

1 geräucherte Bachforelle von 300 bis 350 g
1 geräucherter Saibling von 300 bis 350 g
Für das Gelee:
50 g weiße Zwiebel
100 g Tomaten
50 g Champignons
2 Petersilienstängel, 1 Dillzweig
1 Lorbeerblatt
1 EL Sonnenblumenöl
350 ml Fischfond
1 1/2 TL frisch geriebener Meerrettich
3 Blatt Gelatine, Salz
frisch gemahlener weißer Pfeffer
Außerdem:
100 g Stangenbohnen, Salz
50 g fein gewürfelte Salatgurke, blanchiert
4 EL Crème fraîche
50 g Forellenkaviar
Dillspitzen zum Garnieren

**Crème fraîche und Kaviar:** bei der delikaten Tellersülze sind sie das raffinierte Tüpfelchen auf dem »i« – und das optisch wie geschmacklich gleichermaßen.

**Ob edel mit Gemüse mit klarem Gelee überzogen oder einfach auf knusprigen Briochescheiben angerichtet: Solche feinen Kleinigkeiten kommen bei Gästen hervorragend an**

# Snacks mit Forelle

Das Raffinierte an der Tellersülze auf dieser Seite: Im Fond, der die Grundlage für das Gelee ist, werden Köpfe, Haut und Gräten der verwendeten Fische mitgekocht – das sorgt für einen ungewöhnlichen, angenehmen Rauchgeschmack.

## TELLERSÜLZE VON ZWEIERLEI RÄUCHERFISCHEN

Die Fische jeweils von der Haut befreien und filetieren. Haut, Mittelgräte und Köpfe der Fische beiseite stellen.

Die Zwiebel für das Gelee schälen, die Tomaten von den Stielansätzen befreien, die Champignons putzen. Alles in grobe Stücke schneiden. Petersilie, Dill und Lorbeer zu einem Bouquet garni zusammenbinden.

Öl in einem Topf erhitzen und das Gemüse darin anschwitzen. Haut, Gräten und Köpfe der Fische zufügen, mit dem Fischfond aufgießen und mit dem Bouquet garni sowie 1 TL Meerrettich zum Kochen bringen. Sobald die Flüssigkeit kocht, die Hitzequelle ausschalten, den Fond 30 Minuten ziehen lassen.

Die Gelatine in kaltem Wasser einweichen. Den Fond durch ein mit einem Tuch ausgelegtes Sieb gießen, mit Salz, Pfeffer und dem restlichen Meerrettich würzen. Abkühlen lassen, bis der Fond zu gelieren beginnt.

Inzwischen die Bohnen putzen und mit einem Sparschäler der Länge nach in dünne Streifen schneiden. In sprudelnd kochendem Salzwasser 3 bis 4 Minuten garen. In Eiswasser abschrecken und gut abtropfen lassen. Die Fischfilets in mundgerechte Stücke teilen.

Die Bohnen in 4 tiefen Tellern anrichten und die Fischstücke darauf arrangieren. Mit dem gelierenden Fond überziehen und die Gurkenwürfel darüber streuen. Das Gelee völlig erstarren lassen, dann jede Portion mit 1 EL Crème fraîche, etwas Kaviar sowie Dillspitzen garnieren und servieren.

## LACHSFORELLE UND RÜHREI AUF BRIOCHE

Die Eier verquirlen, mit Salz und Pfeffer würzen und die Crème fraîche gut unterrühren. 2/3 des Fischfilets in große Stücke schneiden, den Rest fein zerpflücken. 30 g Butter in einer Pfanne zerlassen, die Briochescheiben darin auf jeder Seite goldgelb braten. Je 2 Scheiben auf einem vorgewärmten Teller arrangieren, wie auf dem ersten Bild unten zu sehen.

Die restliche Butter in einer Pfanne zerlassen und die verquirlten Eier zugießen. Sobald sie zu stocken beginnen, das fein zerkleinerte Lachsfilet untermischen und alles unter Rühren braten, bis das Rührei gleichmäßig cremig aussieht. Weiterverfahren, wie auf den letzten beiden Bildern der Folge gezeigt.

## ZUTATEN

8 Eier
Salz, frisch gemahlener Pfeffer
3 EL Crème fraîche
400 g geräuchertes Lachsforellenfilet
60 g Butter
8 quadratische Scheiben Brioche von 6 cm Kantenlänge und 1 cm Stärke
Außerdem:
Dillspitzen zum Garnieren

Auf den leicht überlappenden Briochescheiben wird zunächst das Rührei gleichmäßig verteilt, bevor man zum krönenden Abschluss die größeren Lachsforellenstücke auflegt. Üppig mit Dillspitzen garnieren und den köstlichen Snack sofort servieren.

**Fingerfood par excellence: Diesen pikanten Täschchen – mal solo, mal mit Dip serviert – kann kaum jemand widerstehen**

# Fein gefüllte Teigtaschen

## ZUTATEN

Piroschki mit Lachs
375 g Weizenmehl Type 550
1 TL Salz, 30 g frische Hefe
1/8 l lauwarme Flüssigkeit (halb Wasser, halb Milch)
60 g weiche Butter, 1 Ei
Für die Füllung:
50 g Zwiebel, 250 g Räucherlachs
1 EL frisch gehackter Dill
frisch gemahlener weißer Pfeffer
Salz nach Belieben
Außerdem:
Butter für das Blech
1 Eigelb, mit 1 EL Milch verquirlt

## PIROSCHKI MIT LACHS

Das gesiebte Mehl mit dem Salz mischen. Die Hefe unter Rühren in der lauwarmen Flüssigkeit auflösen. Hefelösung, Butter und Ei zum Mehl geben und alles zu einem geschmeidigen Teig verkneten. Zugedeckt an einem warmen Ort etwa 30 Minuten gehen lassen.

Die Zwiebel für die Füllung schälen und fein würfeln. Den Lachs in feine Streifen schneiden, mit den Zwiebelwürfeln und dem Dill vermengen. Pfeffern, nach Belieben salzen.

Den Teig etwa 5 mm dick ausrollen und daraus Kreise von 10 bis 12 cm Durchmesser ausstechen. Die Füllung darauf verteilen, die Ränder mit Eigelb bestreichen, die Teigstücke zu Halbkreisen zusammenklappen. Die Ränder zuerst mit den Fingern, dann mit einer Gabel gut aufeinander drücken.

Die Piroschki auf ein gefettetes Blech setzen und 30 bis 40 Minuten gehen lassen. Die Oberflächen mit dem verquirlten Eigelb bestreichen und die Taschen bei 180 °C im vorgeheizten Ofen etwa 20 Minuten backen.

## ZUTATEN

Won-tans mit Forelle
200 g Forellenfilets
30 g Frühlingszwiebeln
5 g frische Ingwerwurzel
1 Knoblauchzehe, 5 g Zitronengras
1 rote Chilischote, 1 TL Limettensaft
2 EL helle Sojasauce
1 EL Fischsauce, Salz nach Belieben
frisch gemahlener Pfeffer
1 TL fein gehacktes Koriandergrün
50 Won-tan-Blätter
Für den Passionsfrucht-Dip:
4 Passionsfrüchte (Purpurgranadillas)
1/2 TL gelbe thailändische Currypaste
2 Eigelbe, Salz, 1 Spritzer Limettensaft, 200 ml Erdnussöl
1 TL fein gehacktes Thai-Basilikum
Außerdem:
1 Eiweiß zum Bepinseln
Erdnussöl zum Frittieren

Jeweils 2 der dünnen Teigblätter übereinander legen. Etwas Füllung auf das untere Drittel setzen, die Teigblätter zu 2/3 aufrollen.

Die beiden Enden der gefüllten Teigrolle links und rechts mit etwas Eiweiß bepinseln und fest mit den Fingern zusammendrücken.

Die beiden Spitzen der Teigblätter auseinander ziehen. Die fertigen Won-tans bis zum Fritieren mit einem feuchten Tuch bedecken.

## WON-TANS MIT FORELLE

Die Forellenfilets sehr fein würfeln. Die Frühlingszwiebeln putzen und fein hacken. Den Ingwer und den Knoblauch schälen und mit dem Zitronengras fein hacken. Die Chilischote längs halbieren, Stielansatz, Samen und Scheidewände entfernen, das Fruchtfleisch fein würfeln. Die vorbereiteten Zutaten gut miteinander vermengen, mit Limettensaft, Soja- und Fischsauce, Salz, Pfeffer sowie Koriandergrün würzen.

Die Passionsfrüchte für den Dip halbieren, das Fruchtfleisch mit einem Löffel aus der Schale lösen. Das Fruchtfleisch mit der Currypaste aufkochen und bei reduzierter Hitze um etwa 3/4 einkochen lassen. Durch ein feines Sieb passieren und abkühlen lassen.

Inzwischen die Eigelbe mit Salz und Limettensaft cremig rühren. Etwa 1/3 des Öls tropfenweise unterrühren, das restliche Öl unter ständigem Rühren in dünnem Strahl zugießen. Die abgekühlte Passionsfruchtmischung und das Thai-Basilikum unterrühren.

Die Won-tans füllen, wie in der Bildfolge links gezeigt. Das Erdnussöl im Wok oder in der Fritteuse auf 180 °C erhitzen und die Teigtaschen darin goldbraun ausbacken. Herausheben, die Teigtaschen auf Küchenpapier entfetten. Servieren und den Dip separat dazu reichen.

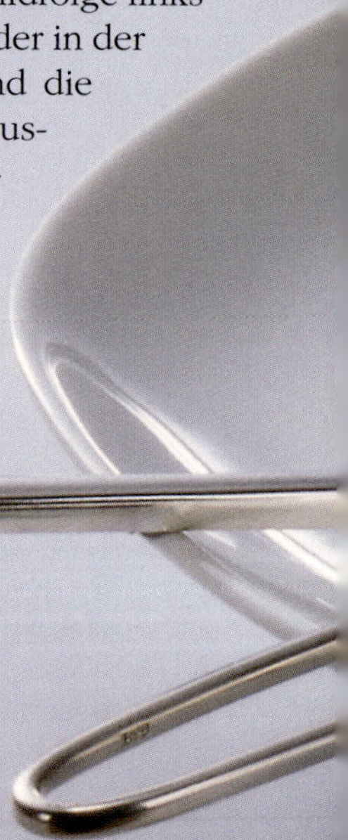

## KNUSPRIGE LACHSRÖLLCHEN

Das Lachsfilet in 12 Streifen von 6 x 2 cm schneiden und pfeffern. Sojasauce und Sesam für die Marinade mischen und die Lachsstreifen darin wenden. Den Lachs zugedeckt im Kühlschrank 20 Minuten durchziehen lassen. Die Reisblätter einzeln nacheinander in kaltem Wasser einweichen, dann auf einem Küchentuch auslegen.

Die Zucchini von Blüten- und Stielansatz befreien, quer halbieren und der Länge nach in dünne Scheiben schneiden. Die Lachsstreifen aus der Marinade nehmen und jedes Stück in einen Zucchinistreifen wickeln.

Jeden eingewickelten Lachstreifen auf das untere Drittel eines Reisblattes legen. Die untere Teigkante über die Füllung schlagen und die Ränder rundum mit Eiweiß bestreichen. Die rechte sowie die linke Seite des Reisblattes über die Füllung schlagen, den Rest des Reisblattes aufrollen und gut festdrücken.

Für den Dip die beiden Ölsorten, Wasabi, Salz und Aceto Balsamico gründlich verrühren, bis sich das Salz aufgelöst hat.

Das Öl in einem Wok oder einer Fritteuse auf 180 °C erhitzen und die Lachsröllchen darin portionsweise in etwa 2 bis 3 Minuten ausbacken. Herausheben, auf Küchenpapier abtropfen lassen und mit dem Dip servieren.

### ZUTATEN

Knusprige Lachsröllchen
300 g Lachsfilet
frisch gemahlener Pfeffer
3 EL helle Sojasauce
2 EL geschälte Sesamsamen, ohne Fettzugabe goldgelb geröstet
12 quadratische Reisblätter von 16 cm Kantenlänge
100 g Zucchini
Für den Wasabi-Dip:
2 EL geröstetes Sesamöl
2 EL Erdnussöl
1/2 TL Wasabipaste, Salz
1 EL Aceto Balsamico Tradizionale di Modena
Außerdem:
1 Eiweiß zum Bestreichen
1/2 l Erdnussöl zum Frittieren

Die Forellenfilets mit Salz und Pfeffer würzen und im Mixer fein pürieren. Die Sahne nach und nach zugießen und jeweils untermixen. Die Farce im Kühlschrank durchkühlen lassen. Den Dill unterrühren und die Masse mit Salz und Pfeffer abschmecken.

**Für 8 bis 10 Portionen · Die zarte Terrine ergänzt hervorragend ein knackiger Gemüsesalat mit Bohnen, Artischocken und Tomaten**

# Lachs-Forellen-Terrine

Eine Farce zubereiten, wie in der Bildfolge links gezeigt. Die Form mit zerlassener Butter auspinseln, mit Alufolie auslegen und diese ebenfalls mit Butter bepinseln.

Den Spinat verlesen, putzen und in Salzwasser blanchieren. In Eiswasser abschrecken, die Blätter auf einem Küchentuch auslegen.

Aus dem Lachsfilet je 3 Streifen von 2 x 10 cm und 3 x 10 cm – jeweils mit einer Stärke von 0,5 cm – schneiden, salzen und pfeffern. Die Spinatblätter überlappend zu einem Rechteck von 30 x 15 cm und einem weiteren von 30 x 7 cm auslegen, beide dünn mit Farce bestreichen und weiterverfahren, wie auf dem ersten Bild der Folge rechts zu sehen.

Die schmaleren Lachsstücke analog in das kleinere Spinat-Rechteck wickeln. Den Räucherlachs in 0,5 cm dicke Scheiben schneiden und weiterverfahren, wie auf dem zweiten Step gezeigt. Die Räucherlachsscheiben mit einer dünnen Schicht Farce bestreichen und die Form auffüllen, wie auf den restlichen Bildern der Folge gezeigt.

Die überhängende Alufolie ebenfalls mit Butter bepinseln und über die Terrine schlagen. Die Form in ein 80 °C heißes Wasserbad setzen, das bis knapp unter den Rand der Form reicht, und die Terrine bei 160 °C im vorgeheizten Ofen 25 bis 30 Minuten garen. Herausnehmen und auskühlen lassen.

Die grünen Bohnen für den Salat putzen und in Salzwasser 8 bis 10 Minuten kochen. In Eiswasser abschrecken, abtropfen lassen. Bobby-Bohnen längs halbieren, Stangenbohnen in Rauten von 1,5 cm Kantenlänge schneiden. Die Artischockenböden in Streifen schneiden, die Cocktailtomaten von den Stielansätzen befreien und vierteln. Alles mit den Feuerbohnen mischen. Den Essig für die Vinaigrette mit Salz und Pfeffer verrühren, bis sich das Salz gelöst hat. Dann das Öl unterrühren. Die Vinaigrette über die Salatzutaten gießen und alles vorsichtig vermengen.

Die erkaltete Terrine aus der Form stürzen und die Folie entfernen. Die Terrine in Scheiben schneiden und mit dem Salat anrichten.

Die breiteren Lachsstücke hintereinander auf das größere Spinat-Rechteck legen und dieses von der Längsseite her aufrollen.

3/4 der Räucherlachsscheiben überlappend so in die Form legen, dass Boden und Wände damit vollständig ausgekleidet sind.

Die kleinere Lachs-Spinat-Rolle in die Form legen und mit einer 0,5 cm dicken Schicht Farce bedecken, dann die 2. Rolle auflegen.

Die größere Lachsrolle mit der restlichen Farce bestreichen und mit dem restlichen Viertel der Räucherlachsscheiben bedecken.

ZUTATEN

200 g Forellenfilets, fein geschnitten, gut gekühlt, Salz
frisch gemahlener weißer Pfeffer
180 ml Sahne, gut gekühlt
2 TL fein geschnittener Dill
200 g Spinat
200 g Lachsfilet
300 g Räucherlachs
Für den Bohnen-Artischocken-Salat:
400 g gemischte grüne Bohnen (etwa Bobby-Bohnen und Stangenbohnen), Salz
100 g gekochte Artischockenböden
100 g Cocktailtomaten
100 g gekochte, geschälte Feuerbohnenkerne
Für die Vinaigrette:
5 EL Feigen- oder Champagneressig (5 % Säure), Salz
frisch gemahlener schwarzer Pfeffer
3 EL Traubenkernöl
6 EL natives Olivenöl extra
Außerdem:
1 Trapezform von 30 cm Länge und 600 ml Inhalt, ersatzweise eine Dachrinnenform
zerlassene Butter zum Bepinseln
Alufolie

**Ausgesprochen edel –** Lachsfilet im Spinatmantel, eingebettet in eine feine Forellenfarce und umhüllt von Räucherlachsscheiben. Wer möchte, garniert jede Portion zusätzlich mit einem Klecks halbsteif geschlagener Sahne – mit Salz, Pfeffer und einem Spritzer Zitronensaft gewürzt – sowie mit etwas Forellenkaviar.

**Ungewöhnliches mit Lachsfilet: Mal wird es roh mit Ingwermayonnaise serviert, mal gewürfelt und mit der Haut gebraten**

# Sommerlich & leicht

### ZUTATEN

Carpaccio vom Lachs mit Frühlingsrollen
500 g Lachsfilet
Für die Frühlingsrollen:
80 g Champignons, 50 g Stangensellerie, 60 g Shiitake-Pilze
80 g rote Paprikaschote, 80 g Bohnensprossen, 1 Knoblauchzehe
5 g frische Ingwerwurzel
50 g weiße Zwiebel, 120 g asiatisches Crabmeat, 2 EL Erdnussöl, Salz
frisch gemahlener Pfeffer
1 EL gehacktes Koriandergrün
16 Frühlingsrollenblätter von 12,5 x 12,5 cm

Für die Ingwer-Mayonnaise:
1 Eigelb, 1 Messerspitze mittelscharfer Senf, Salz, gemahlener Pfeffer
1 Spritzer Zitronensaft
150 ml Sonnenblumenöl
1 TL heißes Wasser, Cayennepfeffer
2 cl frisch gepresster Ingwersaft
Für die Vinaigrette:
2 EL Zitronensaft, 4 EL natives Olivenöl extra, Salz, Pfeffer
Außerdem:
1 Eiweiß zum Bestreichen
1 TL fein zerstoßener Szechuan-Pfeffer, grobes Meersalz, Erdnussöl zum Frittieren, jeweils einige Blätter Radicchio und Frisée-Salat
Koriandergrün, süßsaure asiatische Chilisauce nach Belieben

Während man die Kombination von Lachs und Spargel im zweiten Rezept auf dieser Seite als klassisch bezeichnen kann, gilt dies für das erste nicht: Hier wird roher Lachs wie beim japanischen Sashimi hauchdünn aufgeschnitten, jedoch wie beim venezianischen Carpaccio von Mayonnaise begleitet. Die wiederum bekommt durch Ingwersaft eine asiatische Note – doppeltes »Crossover« sozusagen. Übrigens: Den Saft kann man gewinnen, indem man sehr frische, geschälte Ingwerwurzel durch eine Knoblauchpresse drückt.

### CARPACCIO VOM LACHS MIT FRÜHLINGSROLLEN

Zunächst für die Frühlingsrollen die Champignons und den Sellerie putzen, beides in feine Streifen schneiden. Die Shiitake-Pilze von den harten Stielen befreien, die Hüte in feine Scheiben schneiden.

Paprika mit dem Sparschäler dünn schälen, Stielansatz, Samen und Scheidewände entfernen und das Fruchtfleisch in feine Streifen schneiden. Die Bohnensprossen verlesen.

Knoblauch schälen und fein hacken. Ingwer und Zwiebel schälen, beides in feine Streifen schneiden. Crabmeat fein würfeln. Das Öl in einem Wok erhitzen, Knoblauch, Zwiebel und Ingwer darin anschwitzen. Sellerie, Paprika, Shiitake und Champignons 2 Minuten, die Bohnensprossen noch 1 weitere Minute unter Rühren mitbraten. Crabmeat untermischen, alles in eine Schüssel umfüllen, mit Salz, Pfeffer und Koriander würzen. Abkühlen lassen.

Das Lachsfilet in Frischhaltefolie wickeln und im Gefriergerät anfrieren, damit es sich besser aufschneiden lässt. Für die Mayonnaise Eigelb, Senf, Salz, Pfeffer und Zitronensaft cremig rühren. Etwa 1/3 des Öls tropfenweise unterrühren, restliches Öl in dünnem Strahl einlaufen lassen, dabei mit dem Schneebesen immer weiter schlagen. Das Wasser unterrühren, mit Cayennepfeffer und Ingwersaft würzen. Mit Salz und Pfeffer abschmecken.

Die Frühlingsrollenblätter auf einer Arbeitsfläche auslegen, etwas Füllung auf die Mitte jedes Blattes setzen. Drei Ecken wie bei einem Briefumschlag über die Füllung schlagen, die Blätter aufrollen. Die Enden jeweils mit Eiweiß bestreichen, gut festdrücken.

Das Lachsfilet quer in hauchdünne Scheiben schneiden und auf Tellern anrichten. Die Zutaten für die Vinaigrette miteinander verrühren und den Lachs damit beträufeln. Die Mayonnaise in eine Spritztüte aus Pergamentapier füllen und in feinen Linien auf den Lachs spritzen. Mit Szechuanpfeffer und grobem Meersalz bestreuen.

Das Öl im Wok oder in einer Fritteuse auf 180 °C erhitzen und die Frühlingsrollen darin portionsweise in 2 bis 3 Minuten ausbacken. Herausnehmen, gut abtropfen lassen und auf den Salatblättern anrichten. Das Carpaccio mit Koriandergrün garnieren und mit den Frühlingsrollen servieren. Nach Belieben süßsaure asiatische Chilisauce separat dazu reichen.

## SALAT VON GRÜNEM SPARGEL UND LACHS MIT POCHIERTEN EIERN

Von den Spargelstangen die unteren Enden abschneiden und, wenn nötig, das untere Drittel der Stangen dünn schälen.

Den Spargel mit Küchengarn zu 4 Bündeln zusammenbinden, dabei darauf achten, dass die Spargelspitzen nicht beschädigt werden. In einem entsprechend großen Topf leicht gesalzenes Wasser zum Kochen bringen, die Spargelbündel einlegen – sie sollten gerade eben von Wasser bedeckt sein – und in 15 bis 20 Minuten garen. Den Spargel herausnehmen, in Eiswasser abschrecken und gut abtropfen lassen.

Die Erbsen auspalen. und in sprudelnd kochendem Salzwasser 4 bis 5 Minuten garen, ebenfalls in Eiswasser abschrecken und gut abtropfen lassen.

Für die pochierten Eier 1/2 l Wasser mit dem Essig zum Kochen bringen, die Hitze reduzieren. Jedes Ei aufschlagen, in eine Schöpfkelle gleiten lassen, vorsichtig in das knapp siedende Wasser einlegen und in 3 bis 4 Minuten gar ziehen lassen. Aus dem Wasser nehmen und bis zur weiteren Verwendung in lauwarmes Salzwasser legen.

Alle Zutaten für die Vinaigrette gut miteinander verrühren. Die Frühlingszwiebeln putzen und leicht schräg in dünne Scheiben schneiden. Die Salatblätter waschen und trocknen. Die Kaiserlinge putzen und in hauchdünne Scheiben schneiden.

Das Lachsfilet auf der Hautseite mehrmals schräg einschneiden, dann das Filet in Würfel von 3 cm Kantenlänge teilen. Den Lachs salzen und pfeffern. Das Öl in einer Pfanne erhitzen und deren Boden ganz leicht mit Puderzucker besieben. Die Lachswürfel zunächst mit der Hautseite nach unten in die Pfanne legen und 1 bis 2 Minuten braten, wenden und in 1 bis 2 Minuten fertig garen.

Das Garn von den Spargelbündeln entfernen. Spargel, Erbsen, gebratenen Lachs, Salatblätter, Kaiserlinge und Frühlingszwiebeln dekorativ auf Tellern arrangieren und mit Schnittlauchröllchen bestreuen. Mit der Vinaigrette beträufeln. Die pochierten Eier in Form schneiden, leicht salzen und pfeffern und neben dem Salat anrichten.

**Statt mit pochierten Eiern** kann man den Salat auch mit gebackenen Eiern servieren: 4 Souffléförmchen mit Butter ausstreichen, den Boden jeweils salzen und pfeffern und 1 aufgeschlagenes Ei in jedes Förmchen setzen. Mit Alufolie abdecken und im Wasserbad bei 180 °C in 12 bis 15 Minuten garen. Zum Anrichten die Ränder mit einem spitzen Messer lösen und die Eier auf die Teller gleiten lassen.

## ZUTATEN

Salat von grünem Spargel und Lachs mit pochierten Eiern
300 g grüner Spargel, Salz
300 g Erbsen in der Schote
Für den gebratenen Lachs:
300 g Lachsfilet mit Haut
Salz, frisch gemahlener Pfeffer
2 EL Sonnenblumenöl
etwas Puderzucker
Für die pochierten Eier:
2 EL Weißweinessig
4 gut gekühlte Eier
Salz, frisch gemahlener Pfeffer
Für die Vinaigrette:
2 EL Zitronensaft, Salz, Pfeffer
4 EL natives Olivenöl extra
Außerdem:
40 g Frühlingszwiebeln
4 Blätter vom Kopfsalatherz
80 g Kaiserlinge
1 EL Schnittlauchröllchen

**Selbst gemachte Kartoffelchips** sind der Clou bei diesem Salat, bringen sie doch einen interessanten knusprigen Kontrast zum zarten Fischfilet.

**Ein herzhafter Salat mit viel Gemüse, dem Radicchio eine angenehm bittere Note verleiht · Die raffinierte Vinaigrette verdankt Portwein und Walnussöl ihr feines Aroma**

# Linsen-Radicchio-Salat mit Räucherforelle

## ZUTATEN

2 frisch geräucherte Forellen
von je 300 bis 350 g
250 g Radicchio
Für die Linsen:
120 g braune Berglinsen
1/2 Knoblauchzehe
1/2 Zwiebel, 1 Lorbeerblatt, 1 Nelke
80 g Möhre, 80 g Stangensellerie
120 g fest kochende Kartoffeln
30 g roh geräucherter, durchwachsener Speck, 400 ml Geflügelfond
Salz, frisch gemahlener Pfeffer
Für die Vinaigrette:
1 TL Dijon-Senf, 2 EL Weißweinessig
1 EL weißer Portwein, 1 Prise Zucker
Salz, frisch gemahlener Pfeffer
1 TL Walnussöl, 2 EL Maiskeimöl
30 g weiße Zwiebel, fein gewürfelt
30 g Gewürzgurke, fein gewürfelt
2 EL fein geschnittener Schnittlauch
Für die Kartoffelchips:
120 g fest kochende Kartoffeln
Pflanzenöl zum Frittieren, Salz
Außerdem:
Schnittlauchspitzen zum Garnieren

Für diesen Salat sollten es wirklich ganz frisch geräucherte Fische sein, die im Idealfall noch lauwarm sind – dann ergänzen sie den Salat einfach umwerfend gut. Sind sie dies nicht mehr, kann man die Filets auch, in Folie verpackt, bei 80 °C kurz in den vorgeheizten Ofen legen und leicht erwärmen. Wer das Räuchern selbst probieren möchte, findet Anleitungen dazu auf den folgenden Seiten.

## ZUBEREITUNG

Die Linsen unter kaltem Wasser abbrausen und in einen Topf füllen. Knoblauch und Zwiebel schälen; die Zwiebel mit Lorbeerblatt und Nelke spicken. Möhre, Sellerie und Kartoffeln schälen beziehungsweise putzen, die Möhre und den Sellerie in 3 mm, die Kartoffeln in 1/2 cm große Würfel schneiden.

Die gespickte Zwiebel, den Knoblauch und den Speck zu den Linsen geben, mit dem Geflügelfond aufgießen und leicht salzen sowie pfeffern. Zum Kochen bringen, die Hitze reduzieren und alles 10 Minuten köcheln lassen. Das vorbereitete Gemüse zufügen und weitere 10 bis 12 Minuten mitköcheln lassen.

Die gespickte Zwiebel, den Knoblauch sowie den Speck entfernen und die Linsen in eine Schüssel umfüllen. Abkühlen lassen.

Den Dijon-Senf für die Vinaigrette mit Essig, Portwein und den Gewürzen verrühren, bis sich Zucker und Salz aufgelöst haben. Die beiden Ölsorten, Zwiebel-, Gurkenwürfel und Schnittlauch unterrühren. Die Vinaigrette über die Linsen gießen, alles gut vermischen und den Salat 20 Minuten durchziehen lassen.

Die Kartoffeln für die Chips schälen und der Länge nach in hauchdünne Scheiben schneiden; das geht am besten mit der Aufschnittmaschine. Mit Küchenpapier sorgfältig trockentupfen. Das Öl auf 180 °C erhitzen und die Kartoffelscheiben darin goldbraun frittieren. Herausnehmen, auf Küchenpapier abtropfen lassen und leicht salzen.

Die Forellen von Kopf sowie Haut befreien und filetieren. Die Filets in größere Stücke zerzupfen. Den Radicchio putzen, waschen und gründlich trocknen, dann in mundgerechte Stücke zerpflücken. Diese locker unter die Linsen mischen und den Salat kräftig abschmecken.

Den Salat auf 4 Teller verteilen, die Forellenfilet-Stücke dekorativ darauf arrangieren und die Kartoffelchips darüber verteilen. Mit den Schnittlauchspitzen garnieren.

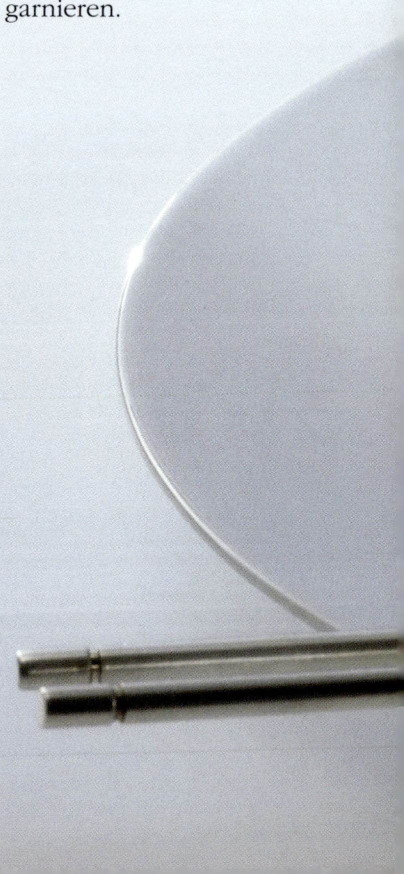

Schichten von feinstem Räucherlachs wechseln hier mit einem delikaten Salat ab · Optisch wie geschmacklich gleichermaßen ein Highlight · Für 2 Portionen

# Mille-feuille vom Lachs mit Spargelsalat

Das Krebsfleisch aus Schwänzen und Scheren ausbrechen. Aus den Lachsscheiben 6 Kreise von 9 cm Durchmesser ausstechen. Lachsreste und Fleisch der Krebsscheren fein würfeln, mit Salatgurke, Stremellachs, Ei und Mayonnaise vorsichtig mischen. Salz, Pfeffer, Zitronensaft, Frühlingszwiebeln, Kapern, Dill und Sahne untermischen, kühl stellen.

Spargel putzen und schälen. Die Stangen mit einem Sparschäler der Länge nach in dünne Scheiben schneiden, diese in kochendem Salzwasser garen. Herausheben, kalt abschrecken und gut abtropfen lassen. Den Feldsalat verlesen, putzen, gut waschen und trocknen. Limettensaft, Öl, Salz und Pfeffer miteinander zu einer Vinaigrette verrühren.

Für jede Portion den Ausstecher auf einen Teller stellen und 1 Lachsscheibe hineinlegen. 1/4 der Lachs-Krebs-Mischung darauf glatt streichen und eine zweite Lachsscheibe auflegen. Ein weiteres Viertel der Mischung darauf glatt streichen und mit einer dritten Scheibe Lachs bedecken. Den Ausstecher entfernen.

Neben jeder Mille-feuille einige Spargelstreifen, Feldsalatblätter und 1 Krebsschwanz anrichten, mit Vinaigrette beträufeln. 1 Kaviarnocke auf jede Mille-feuille setzen, servieren.

## ZUTATEN

2 gekochte Flusskrebse
6 dünne Scheiben Balik-Lachs von je 20 g
50 g Salatgurke, fein gewürfelt
70 g Stremellachs, fein gewürfelt
1 hart gekochtes Ei, fein gehackt
4 TL Mayonnaise, Salz
frisch gemahlener weißer Pfeffer
1 Spritzer Zitronensaft
30 g Frühlingszwiebeln, geputzt und fein geschnitten, 1/2 TL Kapern, fein gehackt, 1 TL fein geschnittener Dill
1 EL halbsteif geschlagene Sahne
Für den Spargelsalat:
100 g weißer Spargel, Salz
30 g Feldsalat, 1 TL Limettensaft
2 EL Olivenöl, gemahlener Pfeffer
Außerdem:
1 runder Ausstecher von 9 cm ø
30 g Osietra-Kaviar

**Zwei erfrischende Kreationen, mal mit Melone, mal mit Spargel · Mit einer Anleitung zum Selberräuchern der Fische**

# Salate mit Räucherforelle

## ZUTATEN

1 geräucherte Forelle von etwa 350 g
1 Charentais-Melone von etwa 1 kg
einige Blätter Friséesalat
Für das Tomatengelee:
Fruchtfleisch von 800 g reifen Tomaten, 50 g Möhre
100 g Zwiebeln
100 g Stangensellerie
3 bis 4 rote Chilischoten
5 Blatt weiße Gelatine
Tomatensaft nach Bedarf
1 TL Salz
frisch gemahlener schwarzer Pfeffer
Für das Dressing:
1/2 rote Chilischote
1 EL Himbeeressig
3 EL Champagner, Salz
1/2 EL gehackte Zitronenmelisse

## IN DER MELONE SERVIERT

Für das Gelee das Tomatenfruchtfleisch klein schneiden. Die Möhre schälen, klein würfeln. Die Zwiebeln schälen und fein hacken. Sellerie putzen und in kleine Würfel schneiden. Die Chilischoten von Stielansätzen, Samen und Scheidewänden befreien. Die Gelatine in kaltem Wasser einweichen.

Tomaten und Chilis mit Möhren-, Zwiebel- und Selleriewürfeln in einem Topf zugedeckt bei geringer Hitze 40 Minuten köcheln lassen. Die Mischung portionsweise durch ein feines Sieb passieren. Es sollten etwa 400 ml Flüssigkeit übrig bleiben; ist dies nicht der Fall, mit Tomatensaft aufgießen. Salzen und pfeffern. Die Gelatine gut ausdrücken und in der Tomatenmasse auflösen. Diese in eine große, flache, mit kaltem Wasser ausgespülte Form füllen und im Kühlschrank erstarren lassen.

Die Forelle filetieren und die Haut entfernen. Die Filets quer in etwa 1,5 cm breite Stücke schneiden. Die Melone vierteln, von den Samen befreien und aus dem Fruchtfleisch Kugeln ausstechen. Das an der Schale verbleibende Fruchtfleisch herauskratzen, 100 g davon für das Dressing beiseite stellen. Die Melonenviertel auf Teller legen.

Die Chilischote für das Dressing in dünne Ringe schneiden, dabei die Samen entfernen. Das Melonenfruchtfleisch mit dem Mixstab pürieren und durch ein feines Sieb passieren. In einer Schüssel mit dem Essig vermischen. Champagner, Salz, Zitronenmelisse und Chiliringe unterrühren.

Die Form mit dem Gelee kurz in heißes Wasser tauchen, das Gelee auf eine Platte stürzen und in Würfel von etwa 1 cm Kantenlänge schneiden. Die Melonenkugeln mit den Forellenstückchen, den Geleewürfeln und einigen Blättchen Friséesalat in der Melonenschale verteilen und mit dem Dressing beträufeln.

## MIT ZWEIERLEI SPARGEL

Die Forelle waschen, trockentupfen, salzen und pfeffern. Den Petersilienstängel in die Bauchhöhle legen. Den Räuchertopf mit der vom Hersteller empfohlenen Menge Räuchermehl befüllen, die Forelle auf den Rost legen. Das Räuchermehl anzünden oder die Hitzequelle einschalten, nach Herstellerangaben regulieren und die Forelle 20 Minuten räuchern. Herausnehmen, abkühlen lassen, filetieren und in mundgerechte Stücke teilen.

Beide Spargelsorten putzen und, falls nötig, dünn schälen. Salzwasser mit der Zitronenscheibe zum Kochen bringen und den Spargel darin 10 bis 15 Minuten garen. Kalt abschrecken und gut abtropfen lassen. Die Kartoffeln pellen und 1 cm groß würfeln. Die Pfifferlinge putzen und je nach Größe halbieren oder ganz belassen. Das Öl erhitzen und die Pfifferlinge darin 1 bis 2 Minuten braten. Herausnehmen, abkühlen lassen.

Für das Dressing die Zwiebel schälen und fein würfeln. Den roten Pfeffer fein hacken. Die beiden Essigsorten mit Salz und schwarzem Pfeffer verrühren, bis sich das Salz gelöst hat. Das Öl einrühren und Zwiebel sowie roten Pfeffer untermischen. Spargel, Kartoffeln, Pfifferlinge und Forellenstücke dekorativ auf Tellern anrichten. Mit dem Dressing beträufeln, mit Zitronenmelisse garnieren und servieren.

ZUTATEN
1 küchenfertige Regenbogenforelle von etwa 350 g
Salz, frisch gemahlener Pfeffer
1 Petersilienstängel
Für den Spargelsalat:
200 g weißer Spargel
200 g grüner Spargel
Salz, 1 Scheibe von einer unbehandelten Zitrone
300 g fest kochende Kartoffeln, in der Schale gekocht
80 g Pfifferlinge, 1 EL Pflanzenöl
Für das Dressing:
60 g weiße Zwiebel, 1/2 TL rote Pfefferkörner, 1 EL Champagneressig
1 EL roter Traubenessig, Salz
frisch gemahlener schwarzer Pfeffer
3 bis 4 EL Traubenkernöl
Außerdem:
Räuchertopf, Buchenholz-Räuchermehl, etwas Zitronenmelisse

**Das Raffinierte** an dieser Salatkreation ist das einfache, aber umwerfende Dressing aus zwei milden Essigsorten – der rote Traubenessig kann übrigens auch durch guten Balsamessig ersetzt werden – und dem hocharomatischen Traubenkernöl.

**Den Saibling kann man ohne viel Aufwand selbst im Wok räuchern · Serviert wird er dann mit einer raffiniert-mediterranen Mischung von rohem Gemüse und Orangenfilets**

# Salat von geräuchertem Saibling, Fenchel & Orangen

## ZUTATEN

1 küchenfertiger Saibling
von etwa 350 g, Salz, Pfeffer
300 g Fenchel, 80 g Möhre
2 Orangen von je 150 g, Zesten von
1/2 unbehandelten Orange

Für das Dressing:
60 ml frisch gepresster Orangensaft
2 EL roter Traubenessig
Salz, frisch gemahlener Pfeffer
1 TL Orangenblütenhonig
1 TL rote Pfefferkörner
3 bis 4 EL Traubenkernöl

Außerdem:
Alufolie, Buchen-Räuchermehl
Öl zum Bepinseln

Den Saibling waschen, trockentupfen, salzen und pfeffern. Einen Wok mit Alufolie auslegen, darauf etwa 3 cm hoch das Räuchermehl einfüllen. Ein passendes Kuchengitter mit Alufolie umwickeln, mit Öl bepinseln, einige Löcher einstechen und in den Wok einsetzen. Die Hitzequelle einschalten. Sobald Rauch entsteht, den Saibling auf das Gitter legen und den Wokdeckel aufsetzen. Den Saibling etwa 20 Minuten räuchern, dann abkühlen lassen und filetieren.

Den Fenchel putzen, ein wenig Grün beiseite stellen. Den Strunk nur so weit herausschneiden, dass sich die Knollen anschließend in 1 bis 2 mm dünne Scheiben schneiden lassen. Die Möhre schälen und in etwa 5 cm lange, dünne Stifte (Julienne) schneiden. Die Orangen schälen, dabei sorgfältig die weiße Innenhaut mit entfernen. Die Früchte jeweils in die einzelnen Segmente zerteilen. Die Saiblingsfilets in mundgerechte Stücke teilen. Mit den übrigen vorbereiteten Zutaten sowie den Orangenzesten dekorativ auf Tellern anrichten.

Den Orangensaft für das Dressing mit Essig, Salz, Pfeffer und Honig verrühren, bis sich Salz und Honig gelöst haben. Den roten Pfeffer grob hacken und untermischen, dann das Öl unterrühren. Den Salat mit dem Dressing beträufeln und mit Fenchelgrün garnieren.

Eine echte »Crossover«-Kreation: Hier treffen Räucherlachs und japanische Nudeln, Rucola und ein asiatisches Dressing aufeinander – und das mit großem Erfolg

# Nudelsalat mit Räucherlachs

Das Lachsfilet waschen, vorsichtig trockentupfen und auf beiden Seiten salzen und pfeffern. Den Räuchertopf mit der vom Hersteller empfohlenen Menge Räuchermehl befüllen, das Fischfilet auf den Rost legen und das Gerät verschließen. Die Hitzequelle einschalten beziehungsweise das Mehl anzünden und die Hitze nach Herstellerangaben regulieren. Den Lachs 15 bis 20 Minuten räuchern, herausnehmen und abkühlen lassen.

Die Nudeln in Salzwasser 8 bis 10 Minuten garen, abgießen, kalt abspülen und abtropfen lassen. Die Zucchini von Blüten- und Stielansätzen befreien und quer in Scheiben von etwa 1 mm Stärke schneiden.

Den Sellerie putzen, eventuell vorhandene Fäden abziehen und die Stangen in feine Scheiben schneiden. Die Frühlingszwiebeln putzen und ebenfalls in feine Scheiben schneiden. Die Zuckerschoten putzen und in Rauten von 1,5 cm Kantenlänge schneiden. In kochendem Salzwasser etwa 4 Minuten garen, abgießen und in Eiswasser abschrecken. Gut abtropfen lassen.

Für das Dressing den Limettensaft, die Fischsauce, die Sojasauce und den Essig mischen. Das Öl unterrühren. Die Chilischote halbieren, Stielansatz, Samen und Scheidewände entfernen und das Fruchtfleisch fein würfeln. Die Limettenschale in feine Streifen schneiden. Die Knoblauchzehe schälen und fein hacken. Chilischote, Limettenschale und Knoblauch unter das Dressing mischen.

Die Nudeln und das vorbereitete Gemüse in eine Schüssel füllen. Das Dressing darüber gießen, unterheben und den Salat 10 Minuten durchziehen lassen.

Den Rucola waschen und trockentupfen. Das abgekühlte, geräucherte Lachsfilet vorsichtig mit der Hand in kleine Stücke zerteilen. Den Nudelsalat mit den Rucolablättern und dem Lachsfilet auf Tellern anrichten. Die erkalteten Eier schälen und quer halbieren. Ein halbiertes Ei auf jede Salatportion setzen und mit grob gemahlenem Pfeffer bestreuen. Mit etwas Koriandergrün garnieren und servieren.

**Somen,** die japanischen Weizennudeln, spielen eine Hauptrolle in diesem Salat. Häufig werden sie in Spaghetti-Form angeboten, doch für dieses Rezept sind Bandnudeln die bessere Wahl.

## ZUTATEN

300 g Lachsfilet
Salz, frisch gemahlener Pfeffer
200 g japanische Bandnudeln aus Weizenmehl
je 50 g gelbe und grüne Zucchini
50 g Stangensellerie
40 g Frühlingszwiebeln
80 g Zuckerschoten
Für das Dressing:
1 EL Limettensaft
1 EL Fischsauce
5 EL helle Sojasauce
2 EL Zuckerrohressig (6 % Säure)
4 EL Erdnussöl
1 rote Chilischote
Schale von 1/2 Limette
1 Knoblauchzehe
Außerdem:
Buchen-Räuchermehl, Räuchertopf
einige Blätter Rucola
2 Eier, in etwa 7 Minuten wachsweich gekocht
grob gemahlener schwarzer Pfeffer
etwas Koriandergrün

## ZUTATEN

Bratforelle in Weißweinmarinade
4 küchenfertige Regenbogenforellen
von je etwa 300 g
Salz, frisch gemahlener Pfeffer
Mehl zum Bestauben
3 EL Sonnenblumenöl, 20 g Butter
Für die Weißweinmarinade:
100 g Möhren, 1 Knoblauchzehe
100 g Zwiebeln, 50 g Stangensellerie,
80 g Lauch, 1/4 l Weißwein
1/4 l Fischfond, 1/4 l Weißweinessig
5 Wacholderbeeren
1 Muskatblüte (Macis)
3 Gewürznelken, 10 schwarze
Pfefferkörner, 8 Pimentkörner
Zesten von 1/2 unbehandelten
Zitronenschale
1 kleiner Rosmarinzweig
2 kleine Thymianzweige
1 Lorbeerblatt
2 EL Sonnenblumenöl, Salz
Außerdem:
1 EL fein gehackte Petersilie

Gebratener oder pochierter Fisch, nach dem Prinzip »Brathering« säuerlich mariniert · Beide Male ist zusätzlich viel Gemüse mit von der Partie · Lässt sich gut vorbereiten

# Forelle würzig eingelegt

## BRATFORELLE IN WEISSWEINMARINADE

Zunächst die Marinade zubereiten. Dafür die Möhren, den Knoblauch und die Zwiebeln schälen. Den Stangensellerie putzen, eventuell vorhandene grobe Fäden abziehen. Den Lauch putzen und gründlich waschen. Die Möhren und den Knoblauch in dünne Stifte, die Zwiebeln in feine Ringe, den Stangensellerie in Scheiben und den Lauch in 1/2 cm dicke Ringe schneiden.

Den Weißwein, den Fischfond und den Essig in einen entsprechend großen Topf füllen. Die Gewürze und die Kräuter einlegen und alles zum Kochen bringen. Parallel dazu das Öl in einer Pfanne erhitzen und das vorbereitete Gemüse darin unter Rühren in 2 bis 3 Minuten farblos anschwitzen. Das Gemüse in den Topf umfüllen und in der Marinade etwa 5 Minuten mitköcheln. Vom Herd nehmen, salzen und lauwarm abkühlen lassen.

In der Zwischenzeit die Regenbogenforellen unter fließendem kaltem Wasser innen und außen gründlich waschen und sorgfältig trockentupfen. Mit Salz und Pfeffer würzen und leicht mit Mehl bestauben.

Öl und Butter in einer entsprechend großen Pfanne erhitzen und die Forellen darin bei nicht zu starker Hitze auf jeder Seite 4 bis 5 Minuten braten. In eine entsprechend große flache Form legen und mit der lauwarmen Marinade übergießen. Alles vollständig erkalten lassen, mit der Petersilie bestreuen und die Forellen in der Marinade zugedeckt 1 bis 2 Tage im Kühlschrank durchziehen lassen.

## MARINIERTE LACHSFORELLE

Die Lachsforelle innen und außen gründlich waschen. Für den Sud Lauch, Möhre und Stangensellerie putzen oder schälen und grob zerkleinern. Die Zwiebel schälen und mit dem Lorbeerblatt spicken.

Einen großen Topf zur Hälfte mit Wasser füllen. Petersilie, Salz, Zitronensaft und Pfefferkörner sowie das Gemüse mit der Zwiebel zufügen. Alles einmal aufkochen lassen, dann den Sud weitere 30 Minuten bei reduzierter Hitze köcheln. Etwas abkühlen lassen, die Lachsforelle einlegen und alles wieder bis zum Siedepunkt erhitzen. Die Hitze erneut reduzieren, die Lachsforelle in 12 bis 14 Minuten gar ziehen und im Sud abkühlen lassen.

Den Fisch herausnehmen und filetieren. Die Filets in eine entsprechend große flache Form legen. Die Tomaten blanchieren, häuten, von Stielansätzen und Samen befreien und das Fruchtfleisch würfeln. Die Frühlingszwiebeln putzen, in 8 cm lange Stücke schneiden. Die Tomatenwürfel und Frühlingszwiebelstücke über die Fischfilets verteilen, mit Frischhaltefolie abdecken und kühl stellen.

Wein, Zitronensaft, Pfeffer und Salz für die Marinade verrühren, bis sich das Salz gelöst hat. Das Öl und die Kräuter unterrühren.

**Zum Fertigstellen der Lachsforelle** beträufelt man die Fischfilets und das Gemüse gleichmäßig mit der Marinade und lässt alles im Kühlschrank noch 1 bis 2 Tage durchziehen. Dazu passt knusprig-frisches Baguette.

## ZUTATEN

Marinierte Lachsforelle
1 küchenfertige Lachsforelle von etwa 1 kg, 200 g Tomaten
80 g Frühlingszwiebeln
Für den Sud:
50 g Lauch, 80 g Möhre
50 g Stangensellerie
1 kleine Zwiebel (60 g)
1 Lorbeerblatt, 2 Stängel Petersilie
1 EL Salz, 1 EL Zitronensaft
10 schwarze Pfefferkörner
Für die Marinade:
1/8 l trockener Weißwein
1 EL Zitronensaft
1/2 TL grob gemahlener schwarzer Pfeffer, 1/2 TL Salz
4 EL natives Olivenöl extra
3 EL frisch gehackte Kräuter (Petersilie, Melisse, Kerbel, Dill, Estragon)

# Suppen & Vorspeisen

Grundlage für feine Süppchen mit Lachs, Forelle & Co. sind würzige Fonds, gekocht aus Karkassen. Köstlich etwa die Sauerampfersuppe mit Saibling oder auch Bachforelle mit Maultaschen im Wurzelsud – beides Kreationen von Eckart Witzigmann. Überzeugend aber auch raffinierte Vorspeisen mit den feinen Fischen, frisch oder geräuchert – allen voran die »Gourmetlinchen«, delikate Häppchen und einfach unwiderstehlich!

Die Basis für eine gute Fischküche ist ohne Zweifel ein feiner Fond aus Fisch- oder Krustentierkarkassen (Gräten und Köpfe, Schwänze und Fleischabgänge). Seine Zubereitung ist zwar etwas aufwändig, doch eingefroren lässt er sich gut bis zu 3 Monate auf Vorrat halten. Zubereitet wird ein solcher Fond in aller Regel aus weißfleischigen Fischen, die viel Eiweiß, aber wenig Fett enthalten, wie etwa Steinbutt, Scholle, Glattbutt, Seezunge, Zander oder Petersfisch. Es gibt aber auch Fonds, gekocht entweder mit oder aus Lachs, wobei es hier einige Besonderheiten zu beachten gilt: Ein Fond aus Lachskarkassen ist kräftiger im Geschmack als ein Fond aus den Karkassen weißfleischiger Fische. Verzichtet man auf das Anbraten der Karkassen, wird der Fond zarter; soll er besonders kräftig werden, kann man ihn mit Krustentierfond mischen.

## ZUTATEN

1 kg Fischkarkassen (vom Fischhändler)
120 g Schalotten
80 g Lauch (nur den weißen Teil)
80 g Fenchel
100 g Petersilienwurzeln
80 g Stangensellerie
60 g Butter
1/2 l trockener Weißwein
1 Lorbeerblatt
2 bis 3 Thymianzweige
1/2 TL weiße Pfefferkörner

## HELLER FISCHFOND

Die Fischkarkassen – Gräten und Köpfe, Schwänze und Fleischabgänge – vorbereiten: Die Kiemen aus den Köpfen entfernen, sie würden den Fond bitter machen, und die Flossen oder Flossensäume (von Plattfischen) entfernen und wegwerfen, ihr hoher Fettanteil kann einen tranigen Geschmack hervorrufen. Alle Karkassen grob zerkleinern, in eine

Die Karkassen unter fließendem Wasser 20 Minuten wässern, bis das Wasser klar und frei von Trübstoffen ist. Abtropfen lassen.

Die Butter in einem großen Topf zerlassen und die Karkassen darin unter Wenden 3 bis 4 Minuten hell angehen lassen.

Gemüse zufügen und unter Wenden leicht angehen lassen. Auf Möhren wird bewusst verzichtet, um den Fond hell zu halten.

Sobald die Fisch-Gemüse-Mischung zu köcheln beginnt, den Wein angießen, langsam erhitzen und etwas reduzieren.

2 l kaltes Wasser zugießen. Wein und Wasser sollten kalt sein, da beim Erwärmen die Geschmacksstoffe aufgeschlossen werden.

Lorbeerblatt, Thymian und Pfefferkörner zufügen. Die Gewürze sollen den Eigengeschmack des Fonds nicht überdecken.

Aufkochen lassen, dabei bindet geronnenes Eiweiß Schweb- und Trübstoffe und steigt an die Oberfläche. Mehrmals abschöpfen.

Nach 20 bis 30 Minuten leisen Köchelns ein Spitzsieb mit einem Passiertuch auslegen und den Fond langsam durchlaufen lassen.

In der feinen Fischküche unentbehrlich, weil neutraler im Geschmack als Lachsfond, ist der helle Fischfond (links) · Er bildet auch die Grundlage für die Lachs-Consommé (unten)

# Fonds – die Basis für kräftige Suppen und Farcen

Schüssel füllen und wässern, wie zu Beginn der Bildfolge links gezeigt. Die Schalotten schälen und in feine Würfel schneiden. Den Lauch putzen, gründlich waschen und in Ringe schneiden. Fenchel putzen und in Stücke schneiden. Die Petersilienwurzeln schälen und in Ringe schneiden. Den Stangensellerie putzen, von eventuell vorhandenen groben Fäden befreien und in Scheiben schneiden. In einem entsprechend großen Topf die Butter zerlassen und weiterverfahren, wie ab dem zweiten Step der Bildfolge links gezeigt. Nach dem Erkalten die Fettschicht von der Oberfläche sorgfältig abheben und wegwerfen.

## LACHS-CONSOMMÉ

Diese Lachsconsommé wird nicht aus den Karkassen vom Lachs gekocht. Die Grundlage für sie ist vielmehr der links beschriebene Fischfond, von dem etwas mehr als ein Liter benötigt wird. Lediglich Lachsabschnitte werden mitgekocht und transportieren so den gewünschten Geschmack.

### ZUBEREITUNG

Die Lachsabschnitte gründlich unter fließendem kaltem Wasser waschen, abtropfen lassen und klein schneiden. Zwiebeln schälen und in dünne Ringe schneiden. Den Stangensellerie, die Möhre und den Fenchel putzen beziehungsweise schälen und das Gemüse in feine Streifen schneiden.

Das Öl in einem entsprechend großen Topf erhitzen, das Gemüse darin anschwitzen. Den Fischfond angießen und alles zum Kochen bringen. Die Hitze reduzieren, die Lachsabschnitte, das Lorbeerblatt, den Rosmarinzweig sowie die Zitronenthymianzweige, die Fenchelsamen, die Gewürznelke ebenso wie die geschälte und halbierte Knoblauchzehe zufügen, salzen, pfeffern und alles 1 Stunde bei geringer Hitze ziehen lassen. Vom Herd stellen, ein grobmaschiges Sieb mit einem Tuch auslegen und den Topfinhalt passieren. Ein Spitzsieb mit einem Kaffeefilter auslegen und die Lachs-Consommé langsam durchlaufen lassen; jetzt sollte sie ganz klar sein.

### ZUTATEN

300 g Lachsabschnitte
120 g weiße Zwiebeln
80 g Stangensellerie
80 g Möhre
60 g Fenchel
2 EL Sonnenblumenöl
1,2 l Fischfond
1 Lorbeerblatt
1 kleiner Zweig Rosmarin
2 kleine Zweige Zitronenthymian
1/4 TL Fenchelsamen
1 Gewürznelke
1 Knoblauchzehe
Salz, frisch gemahlener Pfeffer

**Nach dem Kochen** gießt Eckart Witzigmann den Fond durch ein grobmaschiges Sieb und drückt den Inhalt locker mit der Schöpfkelle aus, bevor der Lachsfond dann nochmals durch ein feineres, mit einem Tuch ausgelegtes Sieb passiert wird.

**Eckart Witzigmann verrät sein Rezept für kräftigen Lachsfond · Nach diesem Rezept lässt sich auch ein Fond aus Forellen- oder Saiblingkarkassen köcheln**

# Kochen mit Lachsfond

Damit der Fond nicht tranig schmeckt, dürfen vom Lachs keinesfalls die Köpfe und auch nicht die Haut mitgekocht werden.

Die Lachskarkassen unter fließendem kaltem Wasser 20 Minuten wässern, bis das Wasser klar ist.

Zwiebeln und Lauch unter Rühren anschwitzen, Champignons und Stangensellerie zufügen.

Die Lachskarkassen zufügen, mit Meersalz würzen und alles zugedeckt weitere 5 Minuten dünsten.

Die Pfefferkörner einstreuen, Weißwein und Noilly Prat angießen und alles um ein Drittel reduzieren.

3/4 l Wasser zugießen, das Bouquet garni einlegen, aufkochen und bei reduzierter Hitze 30 Minuten köcheln.

## ZUTATEN

Lachsfond

700 g Lachskarkassen (ohne Kopf und Haut)
100 g weiße Zwiebeln
150 g Lauch (nur den weißen Teil)
100 g Stangensellerie
1 Bouquet garni (aus 5 Petersilienstängeln und 2 Lorbeerblättern)
100 g Champignons
1 TL Meersalz
10 grob zerstoßene Pfefferkörner
1/4 l trockener Weißwein (etwa ein Chardonnay), 100 ml Noilly Prat

## ZUTATEN

Lachsklößchen

250 g Lachsfilet, gut gekühlt
Salz, frisch gemahlener weißer Pfeffer, 180 ml Sahne, gut gekühlt
3 EL halbsteif geschlagene Sahne, gut gekühlt

Statt dessen köcheln bei Eckart Witzigmann Champignons mit. Abgrundet wird alles mit Noilly Prat und einem passenden trockenen Weißwein, in diesem Fall ein Chardonnay.

## LACHSFOND

Die Lachskarkassen wässern, wie im ersten Step der Bildfolge links gezeigt, bis das Wasser klar und frei von Trübstoffen ist. Die Lachskarkassen in ein Sieb schütten und sehr gut abtropfen lassen. Die Zwiebeln schälen, vierteln und in Scheiben schneiden. Lauch und Stangensellerie waschen, putzen und beides in Scheiben schneiden. Die Champignons putzen und klein schneiden. Einen Topf von etwa 25 cm Durchmesser erhitzen und weiterverfahren, wie links gezeigt. Den Fond durch ein grobmaschiges Sieb gießen und leicht mit der Schöpfkelle ausdrücken. Anschließend den Fond durch ein mit einem Tuch ausgelegtes Sieb passieren. Abkühlen lassen und das Fett abschöpfen.

## LACHSKLÖSSCHEN

Eine superbe Suppeneinlage sind die Lachsklößchen (auf dem Foto der Kapiteleinleitung abgebildet), die man entweder in einer Lachs-Consommé oder auch in Lachsfond, garniert

mit Gemüsejulienne (Möhre, Lauch, Petersilienwurzel, Zuckerschoten) und 1 EL Schnittlauchröllchen, servieren kann.

## ZUBEREITUNG

Das gekühlte Lachsfilet klein würfeln. Mit Salz und Pfeffer würzen und durch die feine Scheibe des Fleischwolfs drehen. Die Masse in eine Schüssel füllen und diese in eine größere, mit Eiswürfeln gefüllte Schüssel setzen. Die Hälfte der flüssigen Sahne unterrühren und die Masse portionsweise kurz in der Küchenmaschine pürieren. Aber Achtung: Sie darf sich nicht erwärmen. Die Masse durch ein feinmaschiges Sieb in eine Schüssel streichen, um so eventuell vorhandene Grätenreste zu entfernen. Die Farce mit der restlichen flüssigen Sahne glatt rühren, mit Salz und Pfeffer abschmecken. Die halbsteif geschlagene Sahne unterziehen und die Farce erneut kühl stellen. Aus der Masse mit 2 jeweils in heißes Wasser getauchten Esslöffeln Nocken abstechen und diese etwa 8 Minuten in Salzwasser ziehen lassen. Herausheben, gut abtropfen lassen und in die jeweilige Suppe einlegen.

## ZUTATEN

Feines Lachssüppchen mit Zitrusfrüchten
200 g Lachsfilet, ohne Haut
1 Grapefruit von etwa 250 g
1 Orange von etwa 200 g
80 g Stangensellerie, Salz
25 g frische Ingwerwurzel, geschält
3/4 l Lachsfond (siehe Rezept links)
frisch gemahlener Pfeffer
Außerdem:
einige Blättchen Zitronenmelisse

**Kochend heiß** muss der Lachsfond sein – Grundlage des herrlich leichten Süppchens mit Zitrusfruchtfilets –, bevor man ihn in vorgewärmte Teller schöpft, da die rohen Lachsfiletscheiben in ihm noch etwas garen sollen.

## FEINES LACHSSÜPPCHEN MIT ZITRUSFRÜCHTEN

Grapefruit und Orange filetieren. Stangensellerie putzen und in feine, 3 cm lange Streifen schneiden, 2 Minuten in Salzwasser blanchieren, abtropfen lassen. Ingwer in feine Scheiben schneiden. Den klaren Lachsfond erhitzen, salzen und pfeffern. Lachsfilet in 1/2 cm breite Scheiben schneiden. Die Orangen- und Gapefruitfilets, Selleriestreifen, Ingwer- und Lachsscheiben in vorgewärmten Tellern anrichten, mit Melisse garnieren, mit dem sehr heißen Fond übergießen und sofort servieren.

**In der Konsistenz weniger eine Suppe als vielmehr ein köstlicher Eintopf · Und dennoch leicht und kräuterwürzig im Geschmack**

# Gemüsesuppe mit Lachs

ZUTATEN
100 g weiße Zwiebeln
150 g Lauch, 2 Knoblauchzehen
5 Dillstängel
40 g Butter
30 g Tomatenmark
1,5 l Fischfond
2 Zweige Zitronenthymian
1 Lorbeerblatt
2 Gewürznelken
100 g Möhren
100 g Stangensellerie
200 g fest kochende Kartoffeln
400 g Lachsfilet
Salz, frisch gemahlener Pfeffer
4 EL Crème fraîche
1 EL Kapern
Außerdem:
Dillspitzen zum Garnieren

Die Zwiebeln schälen, halbieren und in Scheiben schneiden. Den Lauch putzen, waschen und grob zerteilen. Die Knoblauchzehen schälen und in Scheiben schneiden. Die Dillstängel klein schneiden.

Die Hälfte der Butter in einem entsprechend großen Topf zerlassen, die Zwiebeln, den Lauch, den Knoblauch und den Dill darin farblos anschwitzen. Das Tomatenmark kurz mitrösten. Mit dem Fischfond aufgießen, die Zitronenthymianzweige, das Lorbeerblatt und die Gewürznelken einlegen. Alles zum Kochen bringen, die Hitze reduzieren und den Fond 30 Minuten köcheln lassen. Durch ein feines Sieb gießen.

In der Zwischenzeit die Möhren schälen, den Stangensellerie putzen, dabei eventuell vorhandene Fäden abziehen. Möhren und Sellerie in etwa 5 cm lange, dünne Stifte (Julienne) schneiden. Die Kartoffeln schälen, in 5 mm große Würfel schneiden.

Die restliche Butter in einem Topf zerlassen und das vorbereitete Gemüse darin unter Rühren farblos anschwitzen. Den passierten Fond zugießen, zum Kochen bringen und alles bei reduzierter Hitze 10 bis 12 Minuten köcheln lassen.

Das Lachsfilet in 1,5 bis 2 cm große Würfel schneiden und in die Suppe einlegen, 2 bis 3 Minuten darin gar ziehen lassen. Die Suppe mit Salz und Pfeffer würzen und in vorgewärmte tiefe Teller oder Schalen schöpfen. Jeweils mit einem Klecks Crème fraîche, einigen Kapern und den Dillspitzen garnieren.

**Dill,** das Kraut, das so unvergleichlich gut zu Fisch passt, dient hier nicht nur als Garnitur: 5 Dillstiele – und nur diese, ohne die feinen Blättchen – verleihen auch dem Basisfond für die Lachssuppe frische Würze.

Mit besonders intensivem Aroma durch einen eigens zuvor gekochten Lachsfond · Diesen vor der Verwendung unbedingt entfetten

**Wenn's einmal schnell gehen soll,** kann man die beiden feinen Süppchen auch durchaus einmal mit fertigem Lachs- oder Fischfond aus dem Glas zubereiten.

# Lachssuppe mit Safran

Für den Fond die Karkassen grob zerkleinern. In einer Schüssel unter fließendem kaltem Wasser 20 Minuten wässern, bis das Wasser frei von Trübstoffen ist und klar abläuft. Die Karkassen in einem Sieb abtropfen lassen. Das Gemüse und die Pilze schälen beziehungsweise putzen, die Zwiebeln vierteln und ebenso wie den Lauch, den Sellerie und die Champignons in Scheiben schneiden.

Einen entsprechend großen Topf ohne Fettzugabe erhitzen und das Gemüse darin andünsten. Die Karkassen zufügen, mit Meersalz würzen und zugedeckt 5 Minuten mitdünsten. Lorbeer und Pfeffer einlegen, Weißwein und Noilly Prat zugießen und um 2/3 einkochen lassen. 800 ml Wasser angießen und alles einmal aufkochen. Den Fond bei reduzierter Hitze 30 Minuten köcheln lassen. Durch ein grobes Sieb gießen, leicht ausdrücken. Ein Spitzsieb mit einem Passiertuch auslegen und den Fond durchlaufen lassen; es sollten 850 bis 900 ml Fond übrig bleiben. Abkühlen lassen und entfetten.

Das Lachsfilet für die Einlage unter fließendem kaltem Wasser kurz abspülen und trockentupfen. Das Filet in 2 cm große Stücke schneiden, salzen und pfeffern. Das Gemüse schälen beziehungsweise putzen und in 5 cm lange, dünne Stifte (Julienne) schneiden. Die Julienne in kochendem Salzwasser 1 bis 2 Minuten blanchieren, herausnehmen und gut abtropfen lassen.

Das Öl in einer Pfanne erhitzen, die Lachsstücke darin rundum anbraten, herausnehmen. Den Lachsfond wieder erhitzen, die Safranfäden einstreuen und mit Salz und Pfeffer würzen. Die kalte Butter zufügen und die Suppe mit dem Pürierstab aufmixen. Die Lachsstücke und die Gemüsejulienne in vorgewärmten Tellern anrichten und mit der Suppe umgießen. Mit Dill garnieren.

## ZUTATEN

Für den Lachsfond:
700 g Lachskarkassen, ohne Haut und Köpfe
100 g weiße Zwiebeln
150 g Lauch (nur der weiße Teil)
100 g Stangensellerie
100 g Champignons
1 TL Meersalz, 2 Lorbeerblätter
10 zerdrückte Pfefferkörner
1/4 l Weißwein, 100 ml Noilly Prat
Für die Einlage:
300 g Lachsfilet
Salz, frisch gemahlener Pfeffer
30 g Schalotte, 50 g Lauch
30 g Petersilienwurzel
40 g Stangensellerie, 50 g Möhre
3 EL Pflanzenöl
Außerdem:
einige Safranfäden, Salz, Pfeffer
50 g eiskalte Butter, in Stücken
Dillspitzen zum Garnieren

**Zwei exzellente Süppchen von Eckart Witzigmann · Bei der Bachforelle im Wurzelsud braucht man etwas Geduld für die Einlagen, sie lassen sich aber gut im Voraus zubereiten**

# Gebunden oder klar

## SAUERAMPFERSUPPE MIT FILET VOM SAIBLING

Die Saiblinge waschen, filetieren und die Filets bis zur Weiterverarbeitung kühl stellen. Die Zwiebel schälen, Champignons putzen und beides klein würfeln. Die Butter zerlassen und beides darin farblos anschwitzen, salzen, pfeffern. Wein und Noilly Prat angießen und bis auf etwa 4 EL reduzieren. Den Geflügelfond zugießen, auf die Hälfte reduzieren. Beide Sahnesorten einrühren und alles um 1/3 einkochen lassen. Durch ein feines Sieb passieren, die Butter montieren, das heißt, die Suppe aufschlagen, dabei stückchenweise die kalte Butter zufügen. Halbsteif geschlagene Sahne unterheben, mit Salz, Pfeffer und Zitronensaft würzen und die Suppe warm halten.

Eine feuerfeste Form mit Butter auspinseln und die gesalzenen und gepfefferten Fischfilets einlegen. Mit etwas Butter beträufeln und bei 80 °C im Ofen 10 Minuten erwärmen.

Inzwischen den Sauerampfer putzen und in feine Streifen schneiden. 2/3 davon in die Suppe rühren. Die warmen Filets in vorgewärmte Teller legen und mit der Suppe übergießen. Mit dem restlichen Sauerampfer bestreuen und die Suppe sofort servieren.

### ZUTATEN

Sauerampfersuppe mit Filet vom Saibling
2 küchenfertige Bachsaiblinge von je 300 bis 350 g
50 g weiße Zwiebel, 50 g Champignons, 20 g Butter
Salz, frisch gemahlener Pfeffer
100 ml Weißwein (etwa ein kalifornischer Chardonnay)
50 ml Noilly Prat
400 ml Geflügelfond, 100 ml Sahne
200 ml saure Sahne (10 % Fett)
Salz, frisch gemahlener Pfeffer
40 g kalte Butter, in Flöckchen
1 Spritzer Zitronensaft
2 EL halbsteif geschlagene Sahne
50 g Sauerampfer
Außerdem:
1 feuerfeste Form, 20 g zerlassene Butter, Salz, gemahlener Pfeffer

## BACHFORELLE MIT MAULTASCHEN UND NOCKERL IM WURZELSUD

Zunächst den Forellenfond herstellen. Dafür die Forellenkarkassen unter fließendem kaltem Wasser 20 Minuten wässern, herausnehmen und gut abtropfen lassen. Zwiebeln, Lauch, Stangensellerie und Champignons putzen oder schälen und in kleine Stücke schneiden. Einen Topf (mit einem Durchmesser von etwa 25 cm) ohne Zugabe von Fett erhitzen, das Gemüse farblos anschwitzen, die Karkassen sowie die Kräuter zufügen, salzen und alles zugedeckt 5 Minuten dünsten. Pfefferkörner einstreuen, Chardonnay und Noilly Prat angießen, aufkochen und die Flüssigkeit um 1/3 reduzieren. 650 ml Wasser zugießen, erneut aufkochen, die Hitze reduzieren und 1/2 Stunde köcheln lassen. Den Fond durch ein grobmaschiges Sieb gießen, den Inhalt mit der Schöpfkelle etwas ausdrücken. Ein feineres Sieb mit einem Passiertuch auslegen und den Fond erneut passieren.

Für die Maultaschen das Forellenfilet klein würfeln. Zwiebel und Knoblauch schälen und sehr fein würfeln. Die Butter zerlassen, Zwiebel und Knoblauch darin goldgelb anbraten. Spinat zufügen

**Mit einem selbst gemachten Fond** aus Forellenkarkassen – die Basis für den Wurzelsud – schmeckt diese Suppe einfach zu köstlich. Daher sollte man den etwas größeren Aufwand nicht scheuen, denn die Mühe lohnt.

und zusammenfallen lassen. Salzen, pfeffern und abkühlen lassen. Das Weißbrot in kaltem Wasser einweichen, gut ausdrücken. Das Forellenfilet mit der Spinatmischung und dem Weißbrot vermengen, alles sehr fein hacken. Das Eigelb einarbeiten und die Farce mit Salz, Pfeffer und Zitronensaft würzen.

Den Nudelteig zu einer Bahn von 35 x 12 cm ausrollen und auf der Arbeitsfläche auslegen. Die Farce mit dem Spritzbeutel (Lochtülle Nr. 11) längs mittig Tupfen aufspritzen, dabei einen ausreichend großen Abstand freilassen. Den Teig rings um die Füllung mit Eiweiß bestreichen, die Teigbahn der Länge nach zusammenklappen, die Ränder gut festdrücken, die Außenkanten gerade schneiden und leicht schräg etwa 2 x 5 cm große Maultaschen abtrennen.

Für die Nockerl Butter schaumig rühren, das Ei einarbeiten und den Hartweizengrieß nach und nach unterrühren. Mit Salz, Pfeffer und Muskat würzen und 10 Minuten ruhen lassen.

Das Gemüse für den Wurzelsud schälen beziehungsweise putzen. Möhre, Stangen- und Knollensellerie leicht schräg in dünne Scheiben, den Knollensellerie in kleine Dreiecke schneiden. Knoblauch und Zwiebeln schälen, Knoblauch in Scheibchen, Zwiebeln in Streifen schneiden. Die Butter zerlassen und das Gemüse darin farblos anschwitzen. Den vorbereiteten Forellenfond angießen, Bouquet garni einlegen und alles 10 Minuten köcheln lassen. Das Bouquet garni entfernen und den Wurzelsud mit Salz, Pfeffer und Essig würzen.

Aus der Grießmasse kleine Nocken abstechen und in siedendem Salzwasser 15 Minuten gar ziehen lassen. Die Maultaschen ebenfalls in siedendem Salzwasser 5 Minuten garen.

Die Forellenfilets quer halbieren, salzen, pfeffern und im Wurzelsud 2 bis 3 Minuten gar ziehen lassen. Die gut abgetropften Maultaschen und Nockerl einlegen, abschmecken und alles in vorgewärmte tiefe Teller schöpfen. Mit etwas Grün garnieren und servieren.

## ZUTATEN

4 Bachforellenfilets von je 100 g, ohne Haut

Für den Forellenfond:
700 g Forellenkarkassen, 80 g weiße Zwiebeln, 120 g Lauch (nur den weißen Teil), 100 g Stangensellerie
100 g Champignons, 5 Petersilienstängel, 2 Lorbeerblätter, 1 TL Meersalz, 10 zerdrückte Pfefferkörner, 1/4 l Chardonnay, 100 ml Noilly Prat

Für die Maultaschen:
80 g Bachforellenfilet, 50 g weiße Zwiebel, 1/2 Knoblauchzehe
10 g Butter, 50 g Spinat, geputzt
Salz, Pfeffer, 20 g Weißbrot ohne Rinde, 1 Eigelb, 1 Spritzer Zitronensaft, 120 g Nudelteig, 1 Eiweiß

Für die Grießnockerl:
25 g Butter, 1 Ei, 50 g Hartweizengrieß, Salz, Pfeffer, Muskatnuss

Für den Wurzelsud:
je 80 g Möhre und Knollensellerie
60 g Stangensellerie, 1 Knoblauchzehe, 80 g rote Zwiebeln, 20 g Butter
1 Bouquet garni (1 Dillstängel
2 Petersilienstängel, 1 Lorbeerblatt)
Salz, Pfeffer, 1 EL Weißweinessig

Außerdem:
glatte Petersilie, Stangenselleriegrün

**Lässt sich leicht und schnell zubereiten · Kartoffelchips sind eine knusprige Ergänzung dazu, aber kein Muss · Wer mag, kann das Tatar auch einfach auf frischem Weißbrot anrichten**

# Lachstatar auf Kartoffelschnee

ZUTATEN

300 g Lachsfilet, 100 g Stremellachs
80 g Schalotten, Salz
frisch gemahlener weißer Pfeffer,
3 bis 4 EL natives Olivenöl extra

Für den Kartoffelschnee:
500 g mehlig kochende Kartoffeln
Salz, 30 g weiche Butter

Für die Kartoffelchips:
120 g fest kochende Kartoffeln
Pflanzenöl zum Frittieren, Salz

Außerdem:
50 g Kaviar, etwa Osietra
1 EL fein geschnittener Schnittlauch
4 TL Crème fraîche

Das Lachsfilet für das Tatar von allen eventuell noch vorhandenen Gräten befreien – am besten geht dies mit einer Pinzette – und ebenso wie den Stremellachs 1/2 cm groß würfeln. Die Lachswürfel in einer Schüssel miteinander vermischen und kalt stellen.

Die mehlig kochenden Kartoffeln für den Schnee schälen, vierteln und in Salzwasser etwa 20 Minuten kochen. Die fest kochenden Kartoffeln für die Chips ebenfalls schälen, der Länge nach in hauchdünne Scheiben schneiden und diese gut trockentupfen.

Das Pflanzenöl zum Frittieren auf 180 °C erhitzen und die Kartoffelscheiben darin portionsweise goldgelb ausbacken. Die Chips herausheben, auf Küchenpapier abtropfen lassen und leicht salzen.

Die Schalotten für das Tatar schälen und sehr fein würfeln. Unter die Lachswürfel mengen, das Tatar salzen sowie pfeffern und das Olivenöl unterheben.

Die fertig gekochten Kartoffeln für den Schnee abgießen, leicht ausdampfen lassen, die Butter untermischen. Die Kartoffeln durch eine Kartoffelpresse drücken, auf 4 Tellern anrichten. Jeweils eine Mulde in die Mitte drücken und das Tatar darin verteilen. Mit Kaviar, Schnittlauch und Crème fraîche garnieren und die Chips separat dazu reichen.

**Zum Fertigstellen der Burger** legt man jeweils ein Lachsküchlein auf das vorbereitete Gemüse und die Salatblätter, gießt etwas Sauce darüber und deckt alles mit einem Mini-Pfannkuchen ab.

**Zwischen herzhaften Buchweizen-Blini nach russischer Art angerichtet · Konfitierte Tomaten und eine pikante Cocktailsauce sorgen für geschmackliche Raffinesse**

# Lachsburger

Zunächst die Tomaten zum Konfitieren blanchieren, häuten, vierteln, Stielansätze und Samen entfernen. Ein Blech mit Öl auspinseln, die Tomaten mit der Schnittfläche nach unten auflegen. Salzen, Knoblauch und Thymian auflegen und im vorgeheizten Ofen bei 70 °C etwa 3 Stunden trocknen. Die Tomaten herausnehmen, beiseite stellen.

Den Weizenschrot für den Blini-Teig in 175 ml Wasser aufkochen, die Hitze reduzieren und den Schrot 15 Minuten quellen lassen. In eine Schüssel umfüllen, lauwarm abkühlen lassen. Das Mehl darüber sieben. Die Hefe in 1 EL lauwarmem Wasser auflösen, zugießen und alles gründlich vermengen. Zugedeckt 15 Minuten gehen lassen.

Buchweizenmehl, Butter, Salz sowie 85 ml lauwarmes Wasser nach und nach unterarbeiten, so dass ein glatter Teig entsteht. Zudecken und an einem warmen Ort gehen lassen, bis der Teig sein Volumen verdoppelt hat, das dauert etwa 30 Minuten.

Lachsfilet und Balik-Lachs für die Burger in 1/2 cm große Würfel schneiden. Die geputzten Frühlingszwiebeln fein würfeln. Alles gut miteinander vermischen, salzen und pfeffern. Aus der Masse 4 Burger von etwa 5 cm Durchmesser formen und kurz anfrieren.

Mayonnaise, Ketchup, Chilisauce und Cognac für die Cocktail-Sauce gut miteinander verrühren, salzen und pfeffern.

Die Butter für die Blini in einer Pfanne zerlassen und aus dem Teig nacheinander 8 kleine, goldgelbe Pfannkuchen von 6 cm Durchmesser backen, diese dabei jeweils mit Sesamsamen bestreuen.

Das Sonnenblumenöl in einer Pfanne erhitzen und die Lachsburger darin von jeder Seite 1 bis 2 Minuten braten. Zum Anrichten jeweils einen Blini auf einen Teller legen, mit zwei kleinen Kopfsalat- und Rucolablättern, einer halben Gurkenscheibe sowie zwei konfitierten Tomatenvierteln bedecken.

## ZUTATEN

150 g Lachsfilet, 50 g Balik-Lachs
30 g Frühlingszwiebeln (nur der weiße Teil), Salz, weißer Pfeffer
2 EL Sonnenblumenöl
Für die konfitierten Tomaten:
200 g reife Flaschentomaten
1 EL Sonnenblumenöl
1/4 TL grobes Meersalz
4 Zehen junger Knoblauch
2 Thymianzweige
Für den Blini-Teig:
50 g Weizenschrot, 50 g Mehl
5 g frische Hefe
50 g Buchweizenmehl
25 g zerlassene Butter, 1/4 TL Salz
Butter zum Ausbacken, Sesamsamen
Für die Cocktail-Sauce:
100 g Mayonnaise, 1 EL Tomatenketchup, 1 1/2 TL Chilisauce
1 Spritzer Cognac, Salz, Pfeffer
Außerdem:
je 8 Blätter Kopfsalat und Rucola
2 Scheiben Salatgurke, halbiert

**Sellerie bringt zusätzlich Geschmack in die krossen Rösti · Ungewöhnliche Begleitung: eine Sauce aus Sauerkrautsaft und Olivenöl**

# Rösti mit Lachs und Sauerkraut

## ZUTATEN

400 g Räucherlachs

Für das Sauerkraut:
1 Dose Sauerkraut (580 g)
4 g frische Ingwerwurzel
1/2 rote Chilischote
2 EL Olivenöl mit Limone
1/8 l Weißwein, Salz
frisch gemahlener Pfeffer
6 EL natives Olivenöl extra
1 EL fein geschnittene Zitronenmelisse

Für die Rösti:
600 g fest kochende Kartoffeln
100 g Knollensellerie
Salz, frisch gemahlener Pfeffer
4 bis 5 EL Pflanzenöl

Außerdem:
einige Blättchen Zitronenmelisse zum Garnieren

Zunächst das Sauerkraut zubereiten. Dafür das Kraut auf ein Sieb schütten, die Flüssigkeit auffangen und beiseite stellen.

Die Ingwerwurzel schälen und sehr fein würfeln. Stielansatz, Samen und Scheidewände der Chilischote entfernen und das Fruchtfleisch ebenfalls fein würfeln.

Das Olivenöl mit Limone in einem entsprechend großen Topf erhitzen und Ingwer, Chili sowie Sauerkraut darin anschwitzen. Den Weißwein angießen, salzen, pfeffern und das Sauerkraut zugedeckt bei geringer Hitze etwa 10 Minuten köcheln lassen.

Für die Rösti die Kartoffeln und den Sellerie schälen und mit einem Gemüsehobel in feine Stifte hobeln. Mit einem Küchentuch sorgfältig trockentupfen, salzen und pfeffern.

Das Öl in einer Pfanne erhitzen und aus der Kartoffel-Sellerie-Mischung darin nacheinander 12 kleine Rösti mit einem Durchmesser von 10 bis 12 cm auf beiden Seiten goldbraun braten. Warm stellen.

Den Lachs in 3 bis 4 mm dicke Scheiben schneiden. Den aufgefangenen Sauerkrautsaft in einer Kasserolle erhitzen und vom Herd nehmen. Mit dem Pürierstab aufmixen, dabei das Olivenöl einlaufen lassen. 1/2 TL Zitronenmelisse unterrühren, salzen und pfeffern. Die restliche Zitronenmelisse unter das Sauerkraut mischen.

Jeweils 3 Rösti abwechselnd mit Lachsscheiben und Sauerkraut auf Teller schichten und mit Zitronenmelisse garnieren. Jeweils mit etwas Sauerkrautsauce umgießen und die Rösti sofort servieren.

**Einfacher und schneller geht's kaum · Lässt sich auch mit Forellenkaviar zubereiten · Mit einer »Baked-potato«-Variation**

# Kartoffeln mit Keta-Kaviar

Die Schale der Kartoffeln unter fließendem kaltem Wasser gründlich abbürsten, die Kartoffeln in einen Topf mit Dämpfeinsatz legen und darin 25 bis 30 Minuten dämpfen.

In der Zwischenzeit die Crème fraîche mit dem Schneebesen in einer Schüssel glatt rühren. Mit Salz und Pfeffer würzen und die Schnittlauchröllchen untermischen.

Die Kartoffeln mit einem Messer einstechen, um zu prüfen, ob sie weich sind. Aus dem Topf nehmen und auf der Oberfläche kreuzweise einschneiden. Jede Kartoffel von den Schmalseiten her vorsichtig so zusammendrücken, dass sich an der Oberseite ein kleiner Spalt öffnet.

Auf jede Kartoffel etwa 1 EL Crème fraîche geben und einige Schnittlauchspitzen darauf arrangieren. Obenauf jeweils 1 TL Lachskaviar setzen und die Kartoffeln servieren.

## VARIATION

Statt die Kartoffeln zu dämpfen, kann man sie auch im Ofen garen. Dazu die Knollen einzeln in Alufolie wickeln und bei 180 °C im vorgeheizten Ofen etwa 40 Minuten backen.

## ZUTATEN

8 mehlig kochende Kartoffeln von je etwa 70 g
Außerdem:
250 g Crème fraîche
Salz, frisch gemahlener Pfeffer
2 EL Schnittlauchröllchen
Schnittlauchspitzen
120 g Keta-Kaviar

**Eine »Beurre blanc« und hauchdünne Trüffelscheiben machen diese Vorspeise zu einer besonderen Delikatesse · Die Zubereitung der Sauce verlangt ein wenig Übung**

# Gebratener Lachs auf Brioche

## ZUTATEN

250 g Lachsfilet mit Haut
Salz, frisch gemahlener Pfeffer
2 EL Pflanzenöl
Für die Buttersauce:
30 g Schalotte, fein gewürfelt
150 ml trockener Weißwein
100 ml Fischfond
2 EL milder Essig (5 % Säure)
160 g eiskalte Butter in Scheiben
einige Tropfen Weißweinessig
Salz, frisch gemahlener Pfeffer
1 EL steif geschlagene Sahne
Außerdem:
80 g Stangensellerie
50 g Zuckerschoten, Salz
1 Sommertrüffel
1 Brioche, in 1 cm dicke Scheiben geschnitten
20 g Butter

Das Lachsfilet in 4 gleich große Stücke teilen, auf der Haut kreuzweise einschneiden, salzen und pfeffern. Bis zur weiteren Verwendung kühl stellen. Den Stangensellerie und die Zuckerschoten putzen und beides in feine Stifte (Julienne) schneiden.

Die Schalottenwürfel für die Buttersauce in einen Topf füllen, Weißwein, Fischfond und Essig zugießen. Die Mischung bei starker Hitze aufkochen und so weit einkochen lassen, dass nur etwa 4 EL Flüssigkeit übrig bleiben. Die Reduktion durch ein Sieb in eine Kasserolle gießen und noch einmal erhitzen. Die Butterscheiben nach und nach mit dem Schneebesen einarbeiten. So lange rühren, bis die Butter geschmolzen und eine homogene Verbindung mit der Reduktion eingegangen ist. Die Sauce darf jetzt nicht mehr kochen. Mit dem Weißweinessig, dem Salz und dem Pfeffer würzen und die Sauce mit dem Pürierstab aufmixen. Zum Schluss vorsichtig die geschlagene Sahne unterziehen.

Die Gemüsejulienne in kochendem Salzwasser 2 bis 3 Minuten garen, abseihen und gut abtropfen lassen. Das Öl in einer Pfanne erhitzen und den Lachs zunächst auf der Hautseite 1 bis 2 Minuten braten, wenden und in weiteren 1 bis 2 Minuten fertig garen.

Die Sommertrüffel sorgfältig säubern und in feine Scheiben hobeln. Aus den Briochescheiben Kreise von 6 cm Durchmesser ausstechen. Die Butter zerlassen und die Briochescheiben auf beiden Seiten kurz braten. Die Gemüsejulienne auf vorgewärmte Teller verteilen, jeweils eine Briochescheibe und ein Lachsstück darauf legen. Mit der Sauce umgießen und mit Trüffelscheiben garnieren.

**Ausgesprochen dekorativ –** und köstlich zugleich: Das Mini-Wachtelspiegelei, das hier den gebratenen Lachs krönt.

**Mit Zucchinigemüse und Senfsauce kombiniert und attraktiv angerichtet · Dill sowie Kapuzinerkresse – von dieser Blätter und Blüten – bringen die kräuterwürzige Note**

# Gebratener Lachs auf Nudeln

Die klassische Senfsauce ist eine wunderbare Ergänzung zu gebratenem oder gekochtem Fisch. Bei der Zubereitung sollte man allerdings beachten, dass die Sauce auf keinen Fall mehr kochen darf, sobald man das Eigelb eingerührt hat: Sie würde sonst gerinnen.

## ZUBEREITUNG

Die Spaghetti in ausreichend Salzwasser al dente kochen, abgießen, mit heißem Wasser abbrausen und gut abtropfen lassen. Zugedeckt warm stellen.

Die Zwiebel für die Zucchini schälen und fein würfeln. Von den Zucchini Blüten- und Stielansatz entfernen, die Früchte quer in etwa 2 mm dicke Scheiben schneiden. Das Lachsfilet in 4 gleich große Stücke schneiden, salzen, pfeffern und kühl stellen.

Die Butter für die Senfsauce in einem Topf zerlassen. Das Mehl darin anschwitzen, ohne dass es Farbe nimmt. Die Milch unter ständigem Rühren zugießen, alles zum Kochen bringen, die Hitze reduzieren und die Sauce 5 Minuten köcheln lassen.

Den Dijon-Senf einrühren und die Sauce mit Zitronensaft, Salz, Pfeffer und Zucker würzen. 1 bis 2 EL Sauce mit dem Eigelb verquirlen und unter die restliche Sauce rühren. Den Dill sowie die Kapuzinerkresse einstreuen und die Senfsauce warm stellen.

Das Sonnenblumenöl für die Zucchini in einer Pfanne erhitzen und die Zwiebelwürfel darin farblos anschwitzen. Die Zucchinischeiben zufügen und kurz auf jeder Seite mitbraten, salzen und pfeffern.

Das Sonnenblumenöl für den Lachs in einer separaten Pfanne erhitzen, die Lachsstücke darin auf jeder Seite 1 bis 2 Minuten braten. In einer dritten Pfanne die Butter für die Spiegeleier zerlassen. Die Wachteleier darin braten und mit Salz sowie Pfeffer würzen.

Die gebratenen Zucchini auf vorgewärmte Teller verteilen, die gekochten Spaghetti darauf arrangieren. Die gebratenen Lachsstücke auflegen und obenauf ein Wachtelei setzen. Mit der Senfsauce umgießen und mit Kapuzinerkresseblüten garnieren.

## ZUTATEN

120 g Spaghetti, Salz
200 g Lachsfilet
frisch gemahlener Pfeffer
2 EL Sonnenblumenöl
Für die Zucchini:
50 g weiße Zwiebel, 200 g Zucchini
2 EL Sonnenblumenöl
Salz, frisch gemahlener Pfeffer
Für die Senfsauce:
50 g Butter, 1 gestrichener EL Mehl
1/4 l Milch, 1 EL Dijon-Senf
1 TL Zitronensaft
Salz, frisch gemahlener Pfeffer
1 Prise Zucker, 1 Eigelb
1 EL fein geschnittener Dill
2 Kapuzinerkresseblätter, fein geschnitten
Für die Spiegeleier:
10 g Butter, 4 Wachteleier
Salz, frisch gemahlener Pfeffer
Außerdem:
Kapuzinerkresseblüten

**Barbara Schlachter-Ebert** überrascht ihre Gäste im Restaurant Schloßanger Alp in Pfronten gern mit ihren kreativen, liebevoll angerichteten »Gourmetlinchen«.

**Klein, aber unglaublich fein · Hübsch zum Anrichten: tiefe Teller im Miniaturformat · Alle Rezepte sind für 8 Portionen berechnet**

# »Gourmetlinchen«

## FORELLE IM SESAMMANTEL

150 g Forellenfilet in 2 x 3 cm große Stücke schneiden, salzen und pfeffern. 150 g Zucchini klein würfeln, 60 g Aubergine in Scheibchen schneiden. Aus 1 EL Aceto Balsamico, Zucker, 1 Spritzer Zitronensaft, 2 EL Oliven- und 1/2 TL Zitronenöl eine Vinaigrette rühren, Zitronenthymianblättchen einrühren und die Vinaigrette über die Zucchini gießen. Öl auf 180 °C erhitzen, die Auberginen darin frittieren und leicht salzen. Forellenstückchen in Mehl, Ei und in 40 g Bröseln, vermischt mit 1 EL Sesam, wenden, 1 Minute frittieren und mit Salat und Chips auf Tellern anrichten.

## SAIBLINGMAULTÄSCHCHEN

120 g fein gewürfeltes Saiblingfilet, 40 g Brösel und 1 EL fein gehackte Kräuter (Kerbel, Petersilie, Schnittlauch, Dill) vermischen, salzen und pfeffern. 120 g Nudelteig und die Füllung zu Maultäschchen verarbeiten. 120 g geputzte Pilze (Austernpilze, Champignons, Pfifferlinge) klein schneiden. 1 TL Schalottenwürfel in 20 g Butter anschwitzen, Pilze mitschwitzen und mit 20 ml Weißwein ablöschen. 80 ml Sahne zugießen, einköcheln lassen. 1 EL Schnittlauchröllchen einrühren, salzen, pfeffern und 10 g kalte Butter unterrühren. Gegarte Maultaschen mit dem Pilzragout anrichten, mit Kräutern garnieren.

## LAUWARMES FORELLENCARPACCIO

Je 100 g kleine Fenchel- und Kartoffelwürfel blanchieren. Je 60 ml Weißwein und Fischfond aufkochen, Gemüse darin bissfest garen. 20 g kalte Butter unterrühren, mit wenig angerührter Speisestärke binden. Mit 1 EL Kräutern (Petersilie, Schnittlauch), 1 Spritzer Pernod, Salz, Pfeffer und Zitronensaft würzen. Den Fisch in hauchdünne Scheiben schneiden, mit Salz und Zitronensaft würzen, mit dem Gemüse anrichten.

## LACHS-PAPRIKA-SPIESSCHEN

300 g Lachsfilet in 32 Würfel schneiden, 120 g rotes Paprikafruchtfleisch in 32 etwa 1 cm große Rechtecke schneiden, beides abwechselnd auf Zahnstocher spießen. 100 g saure Sahne (10 %) glatt rühren, 2 EL fein gehackten Kerbel einrühren, mit Salz und Zitronensaft würzen. Butterschmalz auf 180 °C erhitzen, Spießchen 1 Minute frittieren, mit der Sauce und Zucchinistreifen anrichten.

## ZUCCHINICHIPS MIT LACHSTATAR

120 g sehr fein gewürfeltes Lachsfilet mit Salz, gemahlenem Koriander und Zitronensaft würzen. 1 EL Olivenöl unterrühren. 100 g Crème fraîche glatt rühren, mit Salz, weißem Pfeffer und Zitronensaft (nach Belieben noch 1/2 TL mittelscharfer Senf) würzen. Jeweils 3 frittierte, leicht gesalzene Zucchinichips mit Lachstatar füllen und mit der Sauce anrichten.

## LACHS-KRÄUTER-ROULADE

100 g Crème fraîche mit 50 g Topfen und 3 EL gehackten Kräutern (Dill, Basilikum, Kerbel, Petersilie) glatt rühren. Salz, Pfeffer, Zitronensaft einrühren, auf 200 g in Folie plattierten, zu einer 15 x 30 cm großen Platte ausgelegten, Räucherlachssscheiben verstreichen, in Folie wickeln und 3 Stunden tiefkühlen. Mit 200 g Tomaten in Himbeeressig-Vinaigrette und gewürzter Crème fraîche anrichten.

**Forelle im Sesammantel** auf Zucchinisalat

**Lachs-Paprika-Spießchen** auf Kerbelsauce

**Saiblingmaultäschchen** auf Waldpilzragout

**Zucchinichips mit Lachstatar** mit Crème fraîche

**Forellencarpaccio** auf Fenchel-Kartoffel-Ragout

**Lachs-Kräuter-Roulade** mit gelben und roten Tomaten

**Saibling-Lachs-Sülze** mit frittierten Waffelkartoffeln

**Lachs im Pfannkuchenmantel** auf grünem Spargel

**Frühlingsrolle vom Saibling** auf Schnittlauchsauce

**Blätterteigfleurons** mit Lachs-Forellen-Mosaik und Basilikum

**Frittierte Forellenkaviar-Praline** auf kühlem Dilldip

**Gebratene Saiblingraute** auf lauwarmem Rettich

## SAIBLING-LACHS-SÜLZE

100 ml Weißwein und 100 ml Fischfond mit einigen Safranfäden aufkochen. Vom Herd stellen, 2 eingeweichte, gut ausgedrückte weiße Blätter Gelatine darin auflösen, salzen und pfeffern. Je 100 g Saibling- und Lachsfilet (ohne Haut) in 2 cm lange und 1/2 cm dicke Streifen schneiden. Diese mit roten Paprika- und Zucchiniwürfelchen (insgesamt je 30 g) in Tellern verteilen, mit dem heißen Fond übergießen – so gart der Fisch leicht durch – und kühl stellen. Die Fischsülze mit frittierten, leicht gesalzenen Waffelkartoffeln anrichten.

## FRÜHLINGSROLLE VOM SAIBLING

Je 100 ml Fischfond und Sahne auf die Hälfte reduzieren, mit 10 g kalter Butter aufschlagen, salzen und pfeffern. Für die Füllung 100 g Bachsaiblingfilet in feine Streifen schneiden, mit 20 g Möhren-, 30 g Lauch- und 30 g Chicoréestreifen vermischen. 40 g fein gehacktes Weißbrot ohne Rinde, Salz, Pfeffer und etwas Zitronensaft zufügen. 8 Frühlingsrollenblätter (12,5 x 12,5 cm) auslegen, je 1 EL Füllung in die Mitte setzen. Das untere Teigende über die Füllung klappen, die Teigränder mit Eiweiß bestreichen, den Teig an beiden Seiten einschlagen, aufrollen und fest andrücken. Genügend Öl auf 180 °C erhitzen und die Frühlingsrollen darin knusprig frittieren, abtropfen lassen. Die Sauce aufmixen, 2 EL Schnittlauchröllchen, 1 EL halbsteif geschlagene Sahne und 1 Spritzer Pernod unterziehen, abschmecken. Die Teller mit Sauce ausgießen, die schräg halbierten Frühlingsrollen darauf anrichten, mit Schnittlauch garnieren.

## FORELLENKAVIAR-PRALINE

180 g Bachforellenfilet (ohne Haut) sehr fein würfeln, mit Salz, weißem Pfeffer und 1 Spritzer Zitronensaft würzen. 1 kleines Ei, 2 EL Sahne, 50 g Weißbrotbrösel und 1 TL Mehl mit dem Fisch vermengen, abschmecken. Aus der Masse 8 Kugeln formen, etwas flach drücken, in die Mitte etwas Forellenkaviar setzen, vorsichtig zusammendrücken und die Masse erneut zu Bällchen formen. Ausreichend Butterschmalz auf 180 °C erhitzen und die zuvor in Mehl gewälzten Fischbällchen 1 bis 2 Minuten darin frittieren, herausheben und abtropfen lassen. Für den Dip je 50 g Naturjoghurt und Sauerrahm glatt rühren, mit Salz, Pfeffer und 1 EL fein gehacktem Dill würzen. Den Dip auf Tellern verteilen, die ausgebackenen, gefüllten Forellenbällchen daraufsetzen und mit frittiertem Basilikum garnieren.

## LACHS IM PFANNKUCHENMANTEL

2 gehäufte EL Mehl mit Salz, Pfeffer, 5 EL Milch, 1 kleinem Ei und 1 TL Olivenöl gut verrühren, 1 TL fein geschnittenen Dill einrühren und den Teig etwas quellen lassen. Für die Sauce je 50 ml Lachsfond und Weißwein (Chablis) um 1/3 reduzieren. 100 ml Sahne zugießen, cremig einköcheln, salzen und pfeffern. 10 g kalte Butter einrühren. 150 g Lachsfilet (ohne Haut) in 8 gleich große Stücke teilen, mit Salz und Zitronensaft würzen und leicht mit Mehl bestauben. 100 g dünne grüne Spargelspitzen (Thai-Spargel) in Salzwasser blanchieren und gut abtropfen lassen. Butterschmalz auf 180 °C erhitzen, die Lachsstücke durch den Teig ziehen und im heißen Fett kurz frittieren. Abtropfen lassen, Lachs und Spargel auf Tellern anrichten, mit der – mit 2 EL halbsteif geschlagener Sahne verfeinerten – Sauce übergießen, mit Dillspitzen garnieren und servieren.

## BLÄTTERTEIGFLEURONS MIT LACHS-FORELLEN-MOSAIK

1 Platte TK-Blätterteig auftauen, etwas ausrollen. Mit einem gezackten Ausstecher (2 cm ø) 16 Kreise ausstechen. 20 Minuten kühl stellen, mit verquirltem Ei bestreichen und die Fleurons bei 200 °C im vorgeheizten Ofen 5 Minuten backen. Für die Sauce je 100 ml Fischfond und Noilly Prat aufkochen und um 1/3 reduzieren. Je 80 g klein gewürfeltes Lachs- und Regenbogenforellenfilet kurz in der Sauce ziehen lassen, 10 g kalte Butter und 2 EL halbsteif geschlagene Sahne unterziehen. Mit Salz, Pfeffer, 1 Spritzer Zitronensaft und 1 EL fein geschnittene Basilikumblättchen würzen. Je 1 Fleuron mit der Lachs-Forellen-Sauce bedecken, 1 weiteres Blätterteigfleuron daraufsetzen. Alles mit 50 g ziselierten, blanchierten Möhrenscheiben, Basilikumstreifen und gerösteten Pinienkernen garnieren, servieren.

## GEBRATENE SAIBLINGRAUTE

200 g Bachsaiblingfilet mit Haut in 16 Rauten (2 cm Kantenlänge) schneiden, mit Salz und etwas Zitronensaft würzen. 120 g roten Rettich in feine Scheiben schneiden und in 20 g Butter anschwitzen, mit Salz, Pfeffer und 1 TL fein gehackter Petersilie würzen. Ausreichend Butterschmalz auf 180 °C erhitzen und die Fischstückchen kurz darin frittieren, herausheben und abtropfen lassen. Rettichscheiben mit den frittierten Saiblingstücken anrichten, mit frittierter glatter (zuvor gut trockenschleudern!) Petersilie garnieren und servieren.

# Mit Reis & Nudeln

Ganz italienisch inspiriert sind die delikaten Kombinationen von Reis und Nudeln auf der einen, zartem Fisch auf der anderen Seite. Ob cremige Risotti oder Ravioli – mal hell, mal sepiaschwarz –, ob Gnocchi oder Fettuccine, immer bleiben die Gerichte angenehm leicht und sind so entweder als Zwischengericht oder auch als leichtes Hauptgericht geeignet. Ganz besonders gut schmecken Kreationen dieser Art, die meist nur wenig Vorbereitung benötigen, wenn der Teig für Nudeln oder Gnocchi selbst gemacht wird. Allerdings ist das kein Muss; soll's mal schneller gehen, kann man auch auf gute Fertigprodukte zurückgreifen.

**Lachs und Forellenkaviar –** zwei, die nicht nur farblich gut zusammenpassen. Und in Kombination mit Pasta und der sahnigen Sauce werden sie zum kulinarischen Erlebnis.

**Attraktiv garniert, mit leuchtend orangefarbenem Forellenkaviar oder dunklen Trüffelscheiben · Einfach in der Zubereitung · Dazu passt gut ein Glas trockener Weißwein**

# Nudeln mit Lachs, mal geräuchert, mal gebraten

Gerade Lachs und Pasta bieten sich zum kreativen Experimentieren an – denn im Grunde passen sie einfach hervorragend zusammen – in welcher Version auch immer. So kommt es nicht von ungefähr, dass gerade dieses Paar immer wieder auf den Speisekarten vieler Restaurants auftaucht – mal mit frischem, mal mit geräuchertem Lachs, mal mit mehr, mal mit weniger Fischanteil und meist mit, manchmal aber auch ohne die schon beinahe obligatorische Sahnesauce. Die beiden auf dieser Seite vorgeschlagenen Zubereitungen sind besonders köstliche Variationen des Themas: Im ersten Fall gesellt sich delikater Räucherlachs zu al dente gegarten Tagliatelle, beim zweiten Gericht wird der frische Fisch in Scheiben geschnitten, nur kurz in einer Butter-Öl-Mischung gebraten und zu selbst gemachten Fettuccine serviert. Wer Zeit und Mühe nicht scheut, kann Letztere – geschmacklich nur von Vorteil – natürlich auch zum ersten Rezept reichen.

## ZUTATEN

300 g Tomaten
400 g Räucherlachs
350 g Tagliatelle, Salz
20 g Butter
frisch gemahlener Pfeffer
Für die Sauce:
400 ml Fischfond
20 g Schalotte
1 Knoblauchzehe
1 kleine rote Chilischote
1 TL Butter
1/4 l Sahne
50 g Doppelrahmfrischkäse
Salz, frisch gemahlener Pfeffer
Außerdem:
80 g Forellenkaviar
1 EL gehackte Zitronenmelisse

## TAGLIATELLE MIT RÄUCHERLACHS

Für die Sauce den Fischfond in einem Topf bei mittlerer Hitze auf etwa 50 ml reduzieren. Die Schalotte und den Knoblauch schälen und fein hacken. Die Chilischote halbieren, von Stielansatz, Samen und Scheidewänden befreien und das Fruchtfleisch fein würfeln. In einer Kasserolle die Butter zerlassen, Schalotten-, Knoblauch- und Chiliwürfel darin hell anschwitzen. Den reduzierten Fond und die Sahne zugießen und unter ständigem Rühren bis kurz vor den Siedepunkt erhitzen. Den Frischkäse grob zerteilen, zufügen und gut unterrühren. Die Sauce etwa 10 Minuten köcheln. Mit Salz und Pfeffer würzen.

In der Zwischenzeit die Tomaten blanchieren, abschrecken, häuten und halbieren. Stielansätze und Samen entfernen, das Fruchtfleisch in kleine Würfel schneiden. Den Räucherlachs in 1 bis 1,5 cm große Würfel schneiden.

Die Tagliatelle in sprudelnd kochendem Salzwasser al dente garen, abgießen und gut abtropfen lassen. In eine vorgewärmte Schüssel füllen und warm halten.

Butter in einer Pfanne zerlassen, Tomaten- sowie Lachswürfel darin kurz anschwitzen, salzen und pfeffern. Die Lachs-Tomaten-Mischung über den Tagliatelle verteilen, die Sauce darüber gießen und alles vorsichtig vermengen. Die Pasta auf vorgewärmten Tellern anrichten, mit Forellenkaviar garnieren, mit Melisse bestreuen und servieren.

## FETTUCCINE MIT LACHS & TRÜFFELN

Hartweizengrieß und Mehl auf eine Arbeitsfläche schütten, in die Mitte eine Mulde drücken und Eier, Eigelb und Salz hineingeben. Mit einer Gabel die Zutaten in der Mulde verrühren, dabei immer mehr Mehl vom Rand mit einarbeiten. Wird die Masse zu fest, etwas Wasser einarbeiten. Mit den Händen von außen nach innen zu einem glatten Teig kneten. Zur Kugel formen und den Teig in Folie gewickelt 1 Stunde kühl ruhen lassen.

Inzwischen Zwiebel und Knoblauch schälen, beides fein würfeln. Die Tomaten waschen, von den Stielansätzen befreien und vierteln. Das Öl in einer Pfanne erhitzen, Zwiebel und Knoblauch darin glasig schwitzen. Die Tomatenviertel 1 bis 2 Minuten mitschwitzen, salzen und pfeffern. Die Kräuter einrühren, alles kurz durchschwenken. Warm halten.

Den Teig mit der Nudelmaschine in mehreren Durchgängen bis zur gewünschten Stärke ausrollen. Die Teigbahnen mit dem entsprechenden Vorsatz in 2 bis 3 mm breite Fettuccine schneiden. Die frische Pasta auf einem Tuch ausbreiten und kurz antrocknen lassen.

Den Lachs in etwa 1/2 cm dicke Scheiben schneiden, salzen und pfeffern. Öl und Butter in einer Pfanne erhitzen und die Lachsscheiben darin von jeder Seite kurz anbraten. Die Nudeln in sprudelnd kochendem Salzwasser al dente garen, abgießen, gut abtropfen lassen und warm halten.

Die Sommertrüffeln sorfältig unter fließendem Wasser abbürsten; dabei darauf achten, dass auch der letzte Rest Erde entfernt wird, falls nötig, knapp schälen.

Die Fettuccine vorsichtig mit den Tomaten vermengen, die gebratenen Lachsscheiben unterheben und alles mit Salz und Pfeffer abschmecken. Die Lachs-Tomaten-Fettuccine auf vorgewärmte Teller verteilen. Die Trüffeln mit einem Trüffelhobel darüber hobeln, mit Thymian garnieren und servieren.

### ZUTATEN

Für den Lachs:
400 g Lachsfilet, ohne Haut
Salz, frisch gemahlener Pfeffer
1 EL Olivenöl, 30 g Butter

Für den Nudelteig:
125 g Hartweizengrieß, fein
125 g Weizenmehl Type 405
2 Eier, 1 Eigelb, 1/3 TL Salz

Für die Tomaten:
40 g weiße Zwiebel, 1 kleine Knoblauchzehe, 400 g gemischte Cocktailtomaten (rot, gelb, orange)
3 bis 4 EL Olivenöl
1 EL fein gehackte Kräuter (Basilikum, Thymian)
Salz, frisch gemahlener Pfeffer

Außerdem:
60 bis 80 g Sommertrüffeln
Thymianblättchen zum Garnieren

**Delikates Arrangement:** Selbst gemachte Pasta, zarter Lachs und mit Thymian und Basilikum aromatisierte Tomaten. Optisch wie geschmacklich abgerundet wird das Ganze durch die hauchdünn darüber gehobelten Trüffelscheiben. Sommertrüffeln sind im Aroma nicht ganz so intensiv wie die weißen oder schwarzen, dafür aber deutlich preiswerter, weshalb es in diesem Fall auch ruhig mal »ein bisschen mehr sein darf ...«.

## ZUTATEN

Penne mit gebratenem Lachs
300 g Lachsfilet, ohne Haut
100 g Sommertrüffeln
300 g Penne lisce, Salz
50 g Butter
frisch gemahlener Pfeffer
Für die Sahnesauce:
30 g weiße Zwiebel
10 g Butter, 1/4 l Sahne
Salz, frisch gemahlener Pfeffer
Außerdem:
Zesten von
1/2 unbehandelten Zitrone
1 TL Zitronenthymianblättchen

**In Butter gebratene Trüffelscheiben** runden dieses köstliche Pastagericht mit Lachs ab; sogar der sahnig-cremigen Sauce haben die mitgekochten Abschnitte das typische Pilzaroma verliehen.

**Noch mehr delikate Kombinationen von Pasta und Lachs · Dieser macht sich auch als Füllung für die schwarzen Ravioli ganz hervorragend**

# Ravioli & Co.

Während die Nudeln beim ersten Rezept ruhig aus dem Päckchen stammen dürfen, ist im zweiten Fall Handarbeit obligatorisch: Ravioli & Co. bereiten ein bisschen Mühe; die hier sind aber so köstlich, dass sich der Aufwand unbedingt lohnt.

## PENNE MIT GEBRATENEM LACHS

Zunächst die Trüffeln unter fließendem Wasser gut abbürsten, trockentupfen und knapp schälen. Abschnitte aufbewahren – es sollten etwa 20 g sein –, sie werden für die Sauce gebraucht. Geschälte Trüffeln beiseite stellen. Die Zwiebel für die Sauce schälen und fein hacken. Trüffelabschnitte ebenfalls hacken. Die Butter zerlassen, Zwiebel und Trüffelabschnitte darin farblos anschwitzen. Die Sahne zugießen und alles bei reduzierter Hitze sämig einkochen lassen, durch ein feines Sieb passieren, salzen und pfeffern.

Das Lachsfilet 1,5 cm groß würfeln. Die Penne in Salzwasser al dente kochen, abgießen und gut abtropfen lassen. 30 g Butter in einer Pfanne zerlassen, die Lachswürfel 1 bis 2 Minuten ringsum braten, salzen und pfeffern. Die geschälten Trüffeln in hauchdünne Scheiben hobeln. Restliche Butter und die Trüffelscheiben darin unter Rühren kurz von beiden Seiten braten, salzen und pfeffern. Die Penne mit Lachs und Trüffelscheiben anrichten, mit etwas Sauce übergießen, mit Zitronenzesten und Thymian bestreuen und sofort servieren.

## SCHWARZE LACHSRAVIOLI

Aus den angegebenen Zutaten einen Nudelteig herstellen, in Folie wickeln und 30 Minuten ruhen lassen. Inzwischen das Lachsfilet würfeln, kühl stellen. Räucherlachs und Zitronenmelisse in feine Streifen schneiden. Die gekühlten Lachswürfel pürieren, salzen und pfeffern. Nach und nach die kalte Sahne zugießen, bis eine homogene Farce entsteht. Diese durch ein Sieb streichen, Räucherlachs und Melisse unterheben und die Farce kühl stellen. Die Schalotten für die Sauce schälen, fein würfeln. Die Butter zerlassen und die Schalotten darin glasig schwitzen. Das Mehl darüber stauben, mit Wein ablöschen, den Fond zugießen und bei reduzierter Hitze 6 bis 8 Minuten köcheln lassen. Sahne zugießen und die Sauce cremig einkochen lassen. Den Teig mit der Maschine zu dünnen Platten ausrollen und weiterverfahren wie in den ersten 2 Steps unten gezeigt. Ravioli in Salzwasser in 5 bis 6 Minuten gar ziehen lassen.

Die Tomaten von den Stielansätzen befreien, vierteln, in zerlassener Butter 2 Minuten dünsten, salzen und pfeffern. Ravioli herausnehmen, abtropfen lassen und auf vorgewärmte Teller verteilen. Die Sauce erhitzen, den Käse darin schmelzen und mit dem Stabmixer aufschlagen. Die Sauce mit Salz, Peffer und Zitronensaft würzen und über die Ravioli gießen. Mit Melisse und Tomaten garnieren, servieren.

## ZUTATEN

Schwarze Lachsravioli
Für den Nudelteig:
300 g Mehl (Type 405)
4 EL doppelgriffiges Weizenmehl
2 Eier, 4 Beutel Sepia-Tinte à 4,5 g
1 EL Olivenöl, 6 bis 8 EL Wasser
1 Prise Salz
Für die Füllung:
200 g Lachsfilet
50 g Räucherlachs in Scheiben
2 bis 3 Blätter Zitronenmelisse
Salz, frisch gemahlener Pfeffer
160 ml Sahne, gut gekühlt
Für die Sauce:
40 g Schalotten, 10 g Butter
1 TL Mehl, 1/8 l Weißwein
1/4 l Geflügelfond, 1/8 l Sahne
50 g Gorgonzola, gewürfelt
Salz, frisch gemahlener Pfeffer
einige Spritzer Zitronensaft
Außerdem:
etwas Mehl für die Ravioliform
1 verquirltes Ei zum Bestreichen
Salz, 8 Kirschtomaten, 10 g Butter
frisch gemahlener Pfeffer
fein geschnittene Zitronenmelisse

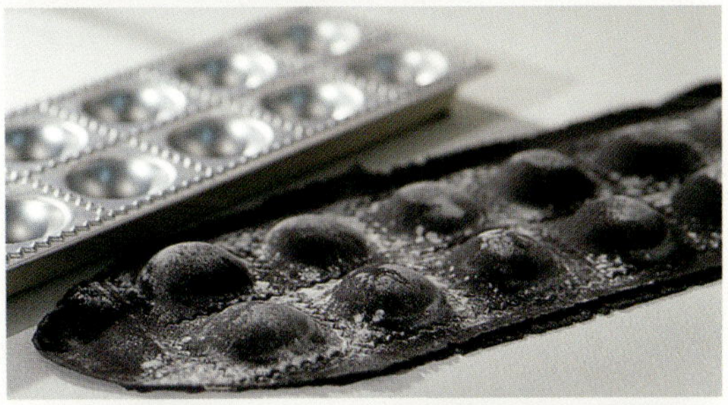

Die mit Mehl ausgestaubte Ravioliform mit 1 Nudelplatte belegen und die Lachsfüllung mit dem Spritzbeutel (Tülle Nr. 8) in die Vertiefungen spritzen. Eine zweite Nudelplatte mit verquirltem Ei bestreichen und darauf legen. Mit dem Nudelholz vorsichtig über das Raviolibrett rollen, ohne die Füllung dabei zu verschieben. Die Form stürzen und die Ravioli vorsichtig voneinander trennen. Nach dem Kochen mit den Tomaten und der Sauce anrichten.

ZUTATEN

Für den Nudelteig:
150 g doppelgriffiges Weizenmehl (Type 405), 1 Ei, 2 Eigelbe, Salz

Für die Füllung:
150 g Lachsfilet, ohne Haut
100 ml Sahne, 20 g Frühlingszwiebel, Salz, frisch gemahlener Pfeffer, 1 Prise Cayennepfeffer
1 EL fein geschnittener Dill
1 Spritzer Limettensaft

Für die Paprikasauce:
450 g rote Paprikaschoten
1/2 rote Peperoni, 20 g Schalotte
1/2 Knoblauchzehe, 20 g Butter
Salz, frisch gemahlener Pfeffer
1 Thymianzweig, 1 Lorbeerblatt
40 ml Weißwein, 150 ml Fischfond
50 ml Sahne

Außerdem:
1 gezackter Ausstecher, von 7 cm ø
1 Eigelb, mit 1 EL Wasser verquirlt
1 EL Thymian, 40 g Parmesan

**Selbst gemachte Teigtäschchen mit feiner Füllung – umgossen mit fruchtiger Sauce · Nicht nur für Liebhaber gefüllter Pasta ein echtes kulinarisches »Highlight«**

# Ravioli mit Lachs auf Paprikasauce

Die Zubereitung von Füllungen und Farcen für »Pasta ripieni«, gefüllte Nudeln, ist eigentlich nicht weiter schwierig. Doch gerade bei der Zubereitung von Fischfarcen gilt es, einige Regeln zu beachten: Wichtig für das Gelingen sind an erster Stelle frische und gut gekühlte Zutaten, denn die Eiweißstruktur des Fisches könnte durch Wärmeeinwirkung so verändert werden, dass sich damit anschließend keine homogene Masse mehr erzielen lässt. Die Lachsfarce sollte man deshalb auch zwischen den einzelnen Verarbeitungsschritten bis zum eigentlichen Füllen der Ravioli im Kühlschrank aufbewahren.

## ZUBEREITUNG

Das Mehl auf eine Arbeitsfläche sieben, in die Mitte eine Mulde drücken. Das Ei, die Eigelbe sowie etwas Salz hineingeben und mit einer Gabel verrühren, dabei immer mehr Mehl vom Rand mit einarbeiten. Mit beiden Händen zu einem glatten Teig verkneten, bei Bedarf etwas Wasser einarbeiten. Den Teig in Folie wickeln und 1 Stunde kühl ruhen lassen.

Das Lachsfilet für die Farce in Stücke schneiden und zusammen mit der gekühlten Sahne fein pürieren. Die Masse durch ein Haarsieb streichen und kühl stellen. Die Frühlingszwiebel putzen und sehr fein hacken. Die Farce mit Salz, Pfeffer, Cayennepfeffer, Dill und Limettensaft würzen und erneut kalt stellen.

Paprikaschoten waschen, vierteln, von Stielansätzen, Samen und Scheidewänden befreien und das Fruchtfleisch würfeln. Peperoni ebenfalls von Stielansatz, Samen und Scheidewänden befreien und würfeln. Die Schalotte und den Knoblauch schälen, beides fein würfeln. Die Butter in einer Kasserolle zerlassen, Schalotte und Knoblauch darin hell anschwitzen. Die Paprika- und Peperoniwürfel mitschwitzen, salzen und pfeffern. Thymian und Lorbeerblatt einlegen, Wein und Fond angießen und alles auf die Hälfte reduzieren. Sahne zugießen, alles cremig einkochen lassen. Die Kräuter entfernen und die Sauce fein pürieren, passieren und abschmecken.

Den Nudelteig zu dünnen Platten ausrollen. Jeweils gezackte Kreise von 7 cm Durchmesser ausstechen und den überschüssigen Teig entfernen. In die Mitte der Kreise jeweils 1 TL der Füllung setzen, den Rand ringsum mit Eigelb bestreichen und die Teigkreise halbmondförmig zusammenklappen, dabei die Ränder fest andrücken.

Lachsravioli in kochendem Salzwasser in etwa 8 Minuten gar ziehen lassen, herausheben und gut abtropfen lassen. Auf vorgewärmte Teller verteilen und mit der Sauce umgießen, mit Thymian und frisch gehobeltem Parmesan bestreuen und die Ravioli servieren.

**Für die Gnocchi backt man die Kartoffeln im Ofen – so wird der Teig schön trocken und luftig · Die angenehm bittere Note beim Risotto mit Forellenfilet bringt der Radicchio mit**

# Gnocchi & Risotti

ZUTATEN
400 g Lachsfilet, ohne Haut
Salz, Pfeffer, 2 EL Pflanzenöl
Für die Gnocchi:
600 g mehlig kochende Kartoffeln
100 g Mehl,1 Eigelb, Salz
Für das Gemüse:
60 g Frühlingszwiebeln, 1 Knoblauchzehe, 80 g Stangensellerie
120 g junge Zucchini
200 g Cocktailtomaten (gelb, rot)
3 EL Olivenöl, Salz, Pfeffer
40 g schwarze Oliven
1 EL gehackte Kräuter (Petersilie, Thymian, Rosmarin, Basilikum)

Nicht nur zu aller Art Nudeln passen Lachs, Forelle, Saibling und Huchen – sondern ebenso gut zu Gnocchi aus Kartoffelteig oder Reis.

## GNOCCHI MIT LACHS

Die Kartoffeln für die Gnocchi waschen, in Alufolie wickeln und bei 200 °C im vorgeheizten Ofen 1 Stunde backen. Herausnehmen und pellen. Das Mehl auf eine Arbeitsfläche sieben, in die Mitte eine Mulde drücken. Eigelb und Salz zufügen. Die Kartoffeln noch heiß kranzförmig durch die Kartoffelpresse auf den Mehlrand drücken. Alle Zutaten rasch zu einem glatten Teig verkneten und diesen 10 bis 15 Minuten ruhen lassen. Den Teig zu zwei Strängen von 2 cm Durchmesser rollen, mit Mehl bestauben und davon jeweils 1 cm lange Stücke abschneiden. Die Gnocchi über eine Raspel abrollen, um ihnen ein Gittermuster einzudrücken und portionsweise in Salzwasser gar ziehen lassen. Sobald sie an die Oberfläche steigen, die Gnocchi mit einem Schaumlöffel herausnehmen, gut abtropfen lassen und warm stellen.

Frühlingszwiebeln für das Gemüse putzen, waschen und in dünne Scheiben schneiden. Knoblauch schälen und fein würfeln. Den Stangensellerie putzen und in etwa 5 cm lan-

ge feine Streifen schneiden. Die Zucchini von Blüten- und Stielansatz befreien und in dünne Scheiben schneiden. Tomaten von den Stielansätzen befreien und vierteln. Das Öl erhitzen, Frühlingszwiebeln und Knoblauch darin anschwitzen. Sellerie und Zucchini 3 bis 4 Minuten mitschwitzen. Tomaten zufügen, noch 1 bis 2 Minuten mitgaren, salzen und pfeffern. Die Oliven und Kräuter unterrühren.

Lachsfilet 2 cm groß würfeln, salzen und pfeffern. 2 EL Öl in einer Pfanne erhitzen und die Lachswürfel darin 1 bis 2 Minuten braten. Gnocchi und Gemüse vermischen, alles nochmals kurz erhitzen und die Lachswürfel untermischen. Die Lachsgnocchi abschmecken, auf vorgewärmten Tellern anrichten, servieren.

## RISOTTO AL RADICCHIO

Leicht abweichend vom klassischen Risotto zubereitet: Der Reis wird hier nicht erst mit Zwiebeln und Radicchio im heißen Öl angeschwitzt, sondern kommt erst nach dem Wein in den Topf. Doch ob so oder so, beide Male ist ständiges Rühren Pflicht, nur so erhält der Risotto seine typisch cremige Konsistenz.

### ZUTATEN

4 Bachforellenfilets von je 100 bis 120 g
Salz, frisch gemahlener Pfeffer
Für den Risotto:
400 g Radicchio di Treviso
80 g weiße Zwiebeln
1 Knoblauchzehe
2 EL Olivenöl, 50 g Butter
150 ml Weißwein
300 g italienischer Rundkornreis (etwa Vialone nano)
800 ml Kalbsfond
Salz, frisch gemahlener Pfeffer
1 Prise Zucker
30 g frisch geriebener Parmesan
Außerdem:
Zitronenmelisseblättchen

### ZUBEREITUNG

Radicchio putzen, waschen, quer in dünne Streifen schneiden. Zwiebeln und Knoblauch schälen, beides fein hacken. In einem Topf das Olivenöl mit 30 g Butter erhitzen und die Zwiebel- und Knoblauchwürfel darin farblos anschwitzen. Den Radicchio 2 Minuten mitschwitzen, mit dem Weißwein ablöschen. Die Flüssigkeit unter Rühren etwas einkochen lassen. Den Reis zufügen, kurz ziehen lassen, dabei wiederholt rühren. In einem separaten Topf den Kalbsfond erhitzen. Etwas kochenden Kalbsfond angießen, so dass der Reis immer gerade von Flüssigkeit bedeckt ist. Ständig weiterrühren, bis der Reis die Flüssigkeit weitgehend aufgenommen hat, erst dann Fond nachgießen. Den Risotto mit Salz, Pfeffer und Zucker würzen und in 12 bis 15 Minuten unter Rühren fertig kochen. Geriebenen Parmesan und die restliche Butter einrühren.

Die Forellenfilets salzen, pfeffern, auf den Risotto legen und alles zugedeckt 3 bis 4 Minuten ziehen lassen. Den Risotto mit den Forellenfilets auf vorgewärmten Tellern anrichten, mit Melisseblättchen garnieren und servieren.

Ungewöhnliche Risotto-Variationen · Zum einen eine Kombination von Graupen, Pilzen und Balik-Lachs · Zum andern Reis mit basilikumwürzigem Pesto und Erbsen

# Graupen & Reis mit Räucherlachs

Wie wohl die meisten kocht auch Eckart Witzigmann seine Risotti üblicherweise mit italienischem Rundkornreis. Hier weicht er jedoch einmal davon ab und verwendet stattdessen Graupen – sie lassen sich ebenfalls in ein wunderbar cremiges Gericht verwandeln.

Noch mehr Geschmack erhält der »Graupenrisotto«, wenn man den Geflügelfond auf 1/4 l reduziert und ihn mit 50 ml Räucherfischfond auffüllt, so dass die Flüssigkeitsmenge insgesamt gleich bleibt; dadurch wird das Aroma des Baliklachses noch verstärkt.

Reis und Erbsen – eine bewährte Kombination für Risotti. Und der Clou: Über Buchenholz-Räuchermehl selbst geräucherte, orangefarbene Lachswürfel.

## ZUBEREITUNG

Graupen mit kaltem Wasser bedecken und über Nacht quellen lassen. Stangensellerie, Möhre, Zwiebel, Lauch und Knoblauch schälen oder putzen und klein würfeln. Die Pfifferlinge putzen, möglichst nicht waschen, sondern nur mit Küchenpapier abreiben. 20 g Butter zerlassen und Zwiebel sowie Knoblauch darin farblos anschwitzen. Das gewürfelte Gemüse 2 bis 3 Minuten mitschwitzen.

Die Graupen abgießen, waschen, gut abtropfen lassen und unter Rühren mitschwitzen. Mit dem Wein ablöschen, diesen fast vollständig reduzieren. Mit Salz, Pfeffer und Muskat würzen, das Bouquet garni einlegen und alles eben mit Geflügelfond bedecken. Ein Drittel der Pfifferlinge 20 Minuten bei reduzierter Hitze mitköcheln, dabei immer wieder etwas Fond angießen.

Das Lachsstück 1/2 cm groß würfeln und unter die Graupen mischen. Petersilie, Salzbutter und Sahne nach und nach einrühren, den Risotto abschmecken. Die restliche Butter in einer Pfanne zerlassen, die übrigen Pilze darin kurz braten, salzen und pfeffern. Einen feuerfesten Teller mit flüssiger Butter bepinseln, die Balik-Scheiben darauf legen und im vorgeheizten Ofen bei 80 °C lauwarm erwärmen. Den Graupenrisotto auf vorgewärmten Tellern mit den Pilzen anrichten, je 1 Scheibe Räucherlachs auflegen, mit Meersalz und grob gemahlenem Pfeffer bestreuen und servieren.

## ZUTATEN

Graupenrisotto
250 g Graupen, 40 g Stangensellerie
50 g Möhre, 40 g weiße Zwiebel
40 g Lauch, 1 Knoblauchzehe
100 g kleine Pfifferlinge
30 g Butter, 120 ml Weißwein
Salz, frisch gemahlener Pfeffer
frisch gemahlene Muskatnuss
Bouquet garni (bestehend aus
4 Petersilienstängeln, 1 Lorbeerblatt)
etwa 300 ml Geflügelfond
80 g Balik-Lachs oder anderer
Räucherlachs, am Stück
4 Scheiben Balik-Lachs von je 30 g
1 EL Petersilie, fein geschnitten
1 EL gesalzene Butter
1 EL halbsteif geschlagene Sahne
Außerdem:
zerlassene Butter, etwas Meersalz
grob gemahlener schwarzer Pfeffer

## RISOTTO MIT RÄUCHERLACHS

Das Lachsfilet 2,5 cm groß würfeln, salzen, pfeffern und kühl stellen. Für das Pesto den klein geschnittenen Knoblauch mit Pinienkernen und Salz im Mörser zerstoßen. Zerkleinerte Basilikumblättchen zufügen und im Mörser zu einer cremigen Masse verarbeiten. Den Käse, Pfeffer und das Öl unterrühren.

Die Erbsen für den Risotto auspalen. Schalotten und Knoblauch schälen, beides fein würfeln. Die Butter in einer Kasserolle zerlassen, Knoblauch und Schalotten darin glasig anschwitzen. Den Reis zuschütten und unter ständigem Rühren mitschwitzen. Erbsen zufügen, alles mit dem Wein ablöschen und diesen einkochen lassen. Die Hälfte des Fonds angießen und den Reis bei mäßiger Hitze unter Rühren 15 Minuten köcheln lassen. Nach und nach den restlichen Fond angießen, der Reis sollte immer gerade eben von Flüssigkeit bedeckt sein.

In der Zwischenzeit den Lachs räuchern. Das geht hervorragend in einem Wok. Dafür den Boden des Woks mit Alufolie auslegen. Das Buchenholz-Räuchermehl darin 3 cm hoch einfüllen. Ein passendes Gitter mit Alufolie umwickeln und mit Öl bepinseln. Einige Löcher einstechen und das Gitter in den Wok stellen. Den Wok auf die Hitzequelle stellen; sobald es zu rauchen beginnt, die Lachswürfel auf das Gitter legen, den Wok mit einem Deckel verschließen und die Lachswürfel darin 8 bis 10 Minuten räuchern.

Die halbsteif geschlagene Sahne sowie das Pesto unter den Risotto rühren und abschmecken. Den Risotto auf vorgewärmte Teller verteilen, jeweils mit ein paar geräucherten Lachswürfeln belegen und mit gehobeltem Parmesan bestreuen. Mit Basilikumblättchen garnieren und den Risotto sofort servieren.

## ZUTATEN

Risotto mit Räucherlachs
500 g Lachsfilet, ohne Haut
Salz, frisch gemahlener Pfeffer
Für das Pesto:
1 kleine Knoblauchzehe, geschält
10 g Pinienkerne, 1/4 TL Salz
30 g Basilikumblättchen
30 g frisch geriebener Parmesan
frisch gemahlener Pfeffer
60 ml natives Olivenöl extra
Für den Risotto:
400 g Erbsen in der Schote
(ausgepalt etwa 150 g )
30 g Schalotten, 1 Knoblauchzehe
20 g Butter, 300 g Risottoreis, etwa
Carnaroli, 1/8 l trockener Weißwein
etwa 1 l erhitzter Geflügelfond
Salz, frisch gemahlener Pfeffer
2 EL halbsteif geschlagene Sahne
Außerdem:
Alufolie, Buchenholz-Räuchermehl
etwas Öl zum Bepinseln
30 g frisch gehobelter Parmesan
etwas kleinblättriges Basilikum

# Pochieren & dämpfen

Die sanftesten Garmethoden für empfindlichen Fisch sind das Pochieren und Dämpfen. Sie garantieren zartes Fleisch, puren Geschmack und – für viele ein wichtiger Punkt – kaum Kalorien, braucht man für beides doch kein Gramm Fett. Fürs Pochieren eignen sich ganze Fische, noch schützend von ihrer Haut umhüllt, so können sie nicht auslaugen. Dämpfen kann man hingegen auch kleinere Portionen oder Filets.

**Zum Pochieren größerer Fische** empfiehlt sich besonders ein solcher länglicher Fischkessel. Hierin hat der Fisch gut der Länge nach Platz, ohne dass zu viel Sud oder Energie gebraucht wird.

**Eine der ganz klassischen Zubereitungen für Forelle · Die Voraussetzung dafür ist absolut frischer Fisch · Dazu serviert, wer will, Salzkartoffeln und zerlassene Butter**

# Forelle blau

Auch wenn sich überall der Begriff »Blaukochen« durchgesetzt hat, so kann hier eigentlich von Kochen keine Rede sein. Denn das Kochen würde dem empfindlichen Fisch schlecht bekommen. Unter »Blaukochen« versteht man vielmehr eine bestimmte Art des Pochierens: Nämlich das Garziehen eines Fisches in würzigem Sud unter Zugabe von Essig. Dieser ist es denn auch, der letztlich für die intensive Blaufärbung verantwortlich ist. Doch sollte man nicht einfach zum Nächstbesten greifen, denn der Sud – meist eine Court-Bouillon – wird ja damit versetzt. Wäre der verwendete Essig zu scharf, hätte das fatale Auswirkungen auf den Geschmack.

**Wasser allein genügt nicht, eine Court-Bouillon** ist der richtige Sud zum »Blaukochen« von Fischen. Achten sollte man dabei auf einen qualitativ hochwertigen Essig.

**Ein untrügliches Zeichen für absolute Frische** ist, wenn sich die Forelle nach dem Blaukochen biegt und an den Seiten leicht aufreißt.

**Liegt die Forelle** nach dem Pochieren so gerade im Sud wie hier, kann man sicher sein, dass sie bereits einige Stunden vor der Zubereitung getötet wurde.

Das Blaukochen funktioniert jedoch nur bei einer ganz speziellen Art von Fischen, nämlich bei solchen, deren Haut von einer klaren Schleimschicht überzogen ist – und hierzu gehört, neben Karpfen, jungen Hechten, Schleien oder Welsen, allen voran die Forelle, ist sie doch der klassische Fisch »au bleu«; blaukochen kann man aber auch Saiblinge. Um eine schöne und gleichmäßige Färbung zu erzielen, ist es wichtig, dass die empfindliche Schleimschicht intakt bleibt. Das heißt wiederum: Man sollte den Fisch beim Vorbereiten so wenig wie möglich anfassen. Forellen etwa werden nur vorsichtig ausgenommen, die Kiemen aber nicht entfernt.

Einmal ausgenommen und gewaschen, kann man den Fisch dann entweder in seiner ganzen Länge in einen Fischkessel legen oder ringförmig zusammenbinden. Auf diese Weise lassen sich mehrere Forellen gleichzeitig in einem runden, weiten Topf garen. Doch Vorsicht: Manchmal soll durch das Rundbinden auch frische Ware vorgetäuscht werden. Köchen, die Frische nur vortäuschen wollen, kommt man allerdings schnell auf die Spur, lassen sich doch die Löcher – entstanden beim Einstechen der Nadel und Durchziehen des Fadens durch Schwanz und Kiemendeckel – später nicht mehr kaschieren.

## ZUTATEN

4 küchenfertige Bach- oder Regenbogenforellen von je 300 bis 350 g
Für die Court-Bouillon:
20 g Schalotte
80 g Möhre, 60 g Petersilienwurzel
100 g Lauch, 50 g Salz
1 Stängel Petersilie
2 Thymianzweige
1 Lorbeerblatt
2 Wacholderbeeren
15 weiße Pfefferkörner
100 ml feiner Weißweinessig

## ZUBEREITUNG

Die Bach- oder Regenbogenforellen unter fließendem kaltem Wasser vorsichtig abspülen und nach Belieben in Form binden, wie in den Steps der Bildfolge rechts gezeigt.

Für die Court-Bouillon die Schalotte, die Möhre und die Petersilienwurzel schälen, waschen und in Scheiben schneiden. Den Lauch putzen, gründlich waschen und leicht schräg in Scheiben schneiden. Das Gemüse entweder in einen ovalen, flachen Fischkessel oder in einen flachen Topf mit entsprechend großem Durchmesser füllen und 3 l Wasser zugießen. Salzen, Petersilienstängel, Thymianzweige, Lorbeerblatt und Wacholderbeeren einlegen und alles etwa eine gute halbe Stunde köcheln lassen.

Erst kurz vor Ende der Garzeit die angedrückten weißen Pfefferkörner einstreuen. Würde man diese während der gesamten Kochzeit mitgaren, würde die Court-Bouillon zu bitter. Den Weißweinessig zugießen und die vorbereiteten Forellen in den Fischkessel oder in den Topf einlegen. Die Court-Bouillon mit dem Fisch bis zum Siedepunkt erhitzen, kurz aufwallen lassen. Die Hitze sofort reduzieren und den Fisch in 8 bis 10 Minuten gar ziehen lassen. Herausnehmen und die »Forelle blau« nach Belieben mit Salzkartoffeln servieren.

**Forelle rund binden:**

Mit Hilfe einer kräftigen Näh- oder Dressiernadel einen doppelten Faden durch Schwanz und Kiemendeckel ziehen. Zunächst ein Ende an einem Zahnstocher festknoten, dann Kopf und Schwanz zusammenziehen und das zweite Fadenende ebenfalls um einen Zahnstocher knoten. Es geht jedoch auch ohne Hölzchen, wie die unteren beiden Bilder zeigen. Dafür einen dickeren Faden wählen, diesen mit Hilfe einer größeren Nadel durch Kiemendeckel und Schwanz ziehen und unter dem Fisch verknoten.

**»En bleu« – mit einer intensiven Blaufärbung –** kommt die in Form gebundene Forelle aus dem Sud und meist auch so auf den Teller.

**Zum Anrichten** ein wenig Sud mit Gemüse auf vorgewärmten Tellern verteilen, jeweils 2 der gefüllten Lachspäckchen darauf setzen. Die frittierten Reisnudeln daneben anrichten und sofort servieren.

**Zwei raffinierte Fischgerichte, einmal asiatisch inspiriert, einmal fruchtig ergänzt mit feiner Limetten-Sahne-Sauce · Etwas aufwändiger**

# Lachs und Forelle gefüllt

## ZUTATEN

Gedämpfter Lachs in Chinakohl
640 g Lachsfilet, ohne Haut, in Tranchen von je 80 g geschnitten
1 kleiner Chinakohl von etwa 700 g
Salz, 4 Jakobsmuschelnüsschen
grob gestoßener Zitronenpfeffer
schmale blanchierte Lauchstreifen
Für die Limettenbutter:
80 g Butter, abgeriebene Schale von 1/2 Limette
1 EL Limettensaft, Salz
grob gestoßener Zitronenpfeffer
1 EL fein gehacktes Koriandergrün
Für den Sud:
30 g getrocknete Shiitake-Pilze
150 g Möhren, 400 ml Fischfond
3 EL Mirin, 1 EL Austernsauce
2 EL helle Sojasauce
3 Limettenscheiben
Pfeffer nach Belieben
Außerdem:
100 g Rice vermicelli
300 ml Erdnussöl zum Frittieren
1/2 TL Speisestärke

Die feine Säure der Limetten passt einfach perfekt zu Fisch – also warum nicht einmal zu den kleinen grünen Zitrusfrüchten greifen?

## GEDÄMPFTER LACHS IN CHINAKOHL

Die Pilze für den Sud 20 Minuten in lauwarmem Wasser einweichen. In der Zwischenzeit die Limettenbutter herstellen. Dafür die Butter schaumig rühren, Limettenschale und -saft, Salz, Zitronenpfeffer und Koriandergrün unterrühren und die Limettenbutter kalt stellen.

Vom Chinakohl 16 Blätter ablösen, in Salzwasser blanchieren, herausheben und die Blätter in Eiswasser abschrecken, auf einem Küchentuch ausbreiten und die Mittelrippen flach schneiden.

Nüsschen quer halbieren, waschen, trockentupfen, salzen und pfeffern. In die Lachsstücke jeweils eine Tasche einschneiden, aber den Fisch nicht durchtrennen. Die Taschen mit Limettenbutter ausstreichen, mit je 1 Muschelhälfte füllen. Die Lachsstücke salzen und pfeffern. Je 2 Chinakohlblätter leicht überlappend auslegen, je 1 Lachsstück auflegen, in die Blätter einschlagen und die Päckchen mit Lauchstreifen zusammenbinden.

Für den Sud den restlichen Chinakohl in feine Streifen schneiden. Die Möhren schälen und in 5 cm lange Stifte (Julienne) schneiden. Die

**Augen- und Gaumenschmaus zugleich** ist diese reizvolle Kombination. Vor dem Servieren Forellen-Lachs-Rouladen einmal quer halbieren, auf gekochten Sepianudeln anrichten und mit der Sauce umgießen. Alles mit Grapefruit- wie Limettenfilets und etwas Basilikum garnieren und servieren.

Pilze gut ausdrücken und die harten Stiele, falls vorhanden, entfernen. Die Hüte in feine Streifen schneiden. Fischfond, Mirin, Austernsauce, Limettenscheiben und Pfeffer im Wok aufkochen, Gemüsestreifen zufügen. Einen Dämpfkorb in den Wok stellen, die Lachspäckchen darauf setzen, mit einem Deckel verschließen und die Päckchen 7 bis 9 Minuten dämpfen.

Inzwischen das Öl auf 180 °C erhitzen und die Reisnudeln darin 1/2 Minute frittieren, herausheben, gut abtropfen lassen. Dämpfkorb aus dem Wok nehmen und den Sud mit der in etwas Wasser angerührten Speisestärke binden. Anrichten, wie links beschrieben.

## LACHS-FORELLEN-ROULADEN

Lachsfilet für die Farce klein würfeln, mit Folie bedecken, kühl stellen. Herausnehmen, mit Salz und Pfeffer würzen und im Mixer fein pürieren. Nach und nach die Sahne einrühren, bis eine homogene Masse entstanden ist. Diese kurz kühlen, durch ein Sieb streichen und halbieren. Unter die eine Hälfte die Basilikumstreifen rühren. Forellenfilets salzen und pfeffern, nebeneinander auslegen und erst die Lachsfarce ohne, dann die mit Basilikum aufstreichen. Die Forellenfilets von der breiten Seite her fest aufrollen, jeweils in Frischhaltefolie wickeln und an den Seiten fest mit Küchengarn verschließen.

Die Butter zerlassen und die Schalotten darin glasig schwitzen. Den Fischfond angießen und diesen fast vollständig reduzieren. Sahne zugießen und cremig einköcheln. Von einer Limette die Schale abreiben und den Saft auspressen. Die zweite Limette sowie die Grapefruit filetieren, beiseite stellen.

In einem flachen Topf Salzwasser zum Kochen bringen, die Temperatur auf 70 °C reduzieren und konstant halten. Die Rouladen einlegen und 7 bis 9 Minuten pochieren. Die Sauce vom Herd stellen, Limettensaft einrühren und mit der kalten Butter aufschlagen, salzen, pfeffern und passieren. Die Rouladen herausheben und die Folie entfernen.

### ZUTATEN

Lachs-Forellen-Rouladen
4 Bachforellenfilets von je 100 g, ohne Haut, Salz, gemahlener Pfeffer
Für die Lachsfarce:
120 g Lachsfilet, ohne Haut
Salz, gemahlener weißer Pfeffer
90 ml Sahne, gut gekühlt
2 EL fein geschnittenes Basilikum
Für die Sauce:
10 g Butter
40 g Schalotten, geschält und fein gewürfelt
1/4 l Fischfond, 300 ml Sahne
2 Limetten, gut gewaschen
10 g kalte Butter
Salz, frisch gemahlener Pfeffer
Außerdem:
1 rosa Grapefruit
gekochte Sepianudeln nach Belieben
Basilikumblättchen zum Garnieren

**Schonend im Dampf gegart, bleibt der Lachs zart und saftig · Serviert mit knackig gebratenem Gemüse und einer pikanten Würzsauce**

# Lachs – asiatisch gedämpft

ZUTATEN
4 Stück Lachsfilet von je etwa 150 g, ohne Haut
Salz, frisch gemahlener Pfeffer
2 Kaffir-Limettenblätter
2 Knoblauchzehen, 1 Stängel Zitronengras, 1/2 l Fischfond
2 Stängel Koriandergrün
Für das Gemüse:
100 g Stangensellerie, 80 g Möhre
100 g weiße Zwiebeln
2 Knoblauchzehen
10 g frische Ingwerwurzel
5 g Zitronengras (nur der helle Teil)
2 rote Chilischoten
80 g Shiitake-Pilze, 3 EL Erdnussöl
Für die Würzsauce:
4 EL Shaoxing-Wein (Reiswein)
5 EL Fischsauce, 20 ml Limettensaft
Salz, frisch gemahlener Pfeffer
Außerdem:
2 Frühlingszwiebeln, 15 cm lang, geputzt und längs halbiert, 1 EL Öl
Thai-Basilikum und Koriandergrün zum Garnieren

Die Lachsstücke salzen und pfeffern. Die Kaffir-Limettenblätter in Streifen schneiden. Den Knoblauch schälen und vierteln, Zitronengras längs halbieren. Limettenblätter, Knoblauch, und Zitronengras mit Fischfond und Koriandergrün in den Wok geben. Einen Dämpfkorb hineinstellen, aufkochen, die Hitze reduzieren und alles 20 Minuten köcheln lassen.

Den Stangensellerie putzen, eventuell vorhandene Fäden abziehen, die Möhre schälen und beides in etwa 5 cm lange, feine Stifte schneiden. Zwiebeln, Knoblauch und Ingwer schälen, die Zwiebeln fein würfeln, Knoblauch und Ingwer in feine Scheiben schneiden. Das Zitronengras fein hacken. Die Chilischoten halbieren, Stielansätze, Samen und Scheidewände entfernen und das Fruchtfleisch in feine Streifen schneiden. Die Pilze putzen, die Stiele etwas kürzen, die Hüte je nach Größe halbieren oder vierteln. Alle Zutaten für die Würzsauce in einer Schüssel gut verrühren. Die Lachstranchen in den Dämpfkorb einlegen und 5 bis 6 Minuten dämpfen.

In der Zwischenzeit das Öl im Wok erhitzen und die vorbereiteten Zutaten – Sellerie, Möhre, Zwiebeln, Knoblauch, Ingwer und Chilistreifen – darin unter Rühren 2 bis 3 Minuten braten. Die Würzsauce zugießen, alles gut vermischen, abschmecken. Das Gemüse auf Tellern anrichten, die Lachstranchen darauf legen und alles mit etwas Sauce beträufeln. Die halbierten Frühlingszwiebeln kurz im heißen Öl braten, auf dem Lachs anrichten, mit den Kräutern garnieren und servieren.

**Die feine Säure** von Limette, Zitronengras und Limettenblättern ergänzt den Lachs hier geschmacklich aufs Beste.

**Der Clou zu den Zucchiniblüten à la Eckart Witzigmann ist die Safran-Curry-Sauce · Ungewöhnlich aber auch die Mohn-Garnitur**

# Fein gefüllt mit Lachs

Damit die Farce für die Füllung gelingt, ist es wichtig, dass sowohl der Fisch als auch Eigelb, Butter, Sahne und Crème fraîche kalt und zügig verarbeitet werden.

## ZUTATEN

Für die Füllung:
350 g Filet vom schottischen Lachs, ohne Haut
150 g Zucchini, 60 g weiße Zwiebel
120 g Champignons, 25 g Butter
6 Basilikumblätter, in feinen Streifen
Salz, frisch gemahlener Pfeffer
1 Eigelb
25 g kalte Butter
40 ml gut gekühlte Sahne
1 TL gut gekühlte Crème fraîche
Salz, Cayennepfeffer
8 große, weibliche Zucchiniblüten mit anhängenden jungen Früchten

Für die Safran-Curry-Sauce:
20 g Butter
2 Messerspitzen mildes Madras-Currypulver
12 Safranfäden
2 cl Noilly Prat
150 ml Sahne
1 Spritzer Zitronensaft
Cayennepfeffer
1 Spritzer Pernod
2 EL halbsteif geschlagene Sahne

Außerdem:
1/2 l gewürzter Fischfond
50 g Frühlingszwiebeln (nur den weißen Teil)
1 TL Butter
Salz, frisch gemahlener Pfeffer
1 TL Mohnsamen zum Bestreuen

Zunächst die Füllung herstellen. Dafür 250 g Lachsfilet fein würfeln. Die Zucchini von Stiel- und Blütenansatz befreien und fein würfeln. Die Zwiebel schälen und fein hacken. Champignons putzen und fein würfeln. Die Butter in einer Pfanne zerlassen und die Zwiebel darin farblos anschwitzen. Zucchini- und Champignonwürfel 2 bis 3 Minuten mitschwitzen. Die Mischung in eine Schüssel umfüllen, Lachswürfel und Basilikumstreifen locker untermischen, salzen und pfeffern.

Den restlichen Lachs gut gekühlt im Mixer fein pürieren, dann nach und nach das Eigelb, die kalte Butter, Sahne und Crème fraîche untermixen. Mit Salz und Cayennepfeffer würzen und die Farce unter die Zucchini-Lachs-Mischung rühren, abschmecken.

Die Zucchiniblüten vorsichtig öffnen und mit einem kleinen, scharfen Messer den Blütenstempel entfernen, dabei darauf achten, dass die Blüte unversehrt bleibt. Jeweils mit einem Teelöffel etwas von der Lachs-Zucchini-Masse in die Blüten einfüllen. Zum Verschließen die Blütenspitzen zusammendrehen, so dass keine Füllung austreten kann. Die anhängenden jungen Früchte von den Stielansätzen befreien und fächerartig einschneiden.

Für die Sauce die Butter in einer Kasserolle zerlassen und das Currypulver darin kurz anschwitzen. Die Safranfäden einrühren, mit Noilly Prat ablöschen, Sahne zugießen und cremig einköcheln lassen. Die Safran-Curry-Sauce mit dem Zitronensaft, einem Hauch Cayennepfeffer und dem Pernod würzen.

Den Fischfond in einem Topf mit Dämpfeinsatz aufkochen, den Einsatz hineinstellen und die gefüllten Zucchiniblüten darauf legen. Den Topf mit einem Deckel verschließen, die Hitze etwas reduzieren und die Blüten 8 bis 10 Minuten dämpfen.

Inzwischen die Frühlingszwiebeln putzen, waschen und in Streifen schneiden. Butter zerlassen und die Zwiebeln darin 1 bis 2 Minuten anschwitzen, salzen und pfeffern. Die Sauce mit dem Pürierstab aufmixen und die Sahne einrühren. Zucchiniblüten mit einigen Frühlingszwiebelstreifen auf vorgewärmten Tellern anrichten, mit der Sauce umgießen, mit etwas Mohn bestreuen und servieren.

ZUTATEN
2 küchenfertige Forellen
von je etwa 300 g
Salz, frisch gemahlener Pfeffer
250 g junge grüne Zucchini
Für die Würzmischung:
1 unbehandelte Zitrone
2 g frische Ingwerwurzel
60 g Zwiebel
2 EL gehackte glatte Petersilie
Für die Marinade:
3 EL Sojasauce
3 EL trockener Sherry
1 EL Sesamöl
1 TL Zucker
Salz, frisch gemahlener Pfeffer
Außerdem:
etwas Öl für die Form, Salz

**Dämpfen mit Aromen:** Damit die Würzung erhalten bleibt, kommen die Fische hier nicht in einen Dämpfkorb, sondern werden einfach mitsamt der Form in den Wok gestellt.

**Bei dieser Art des Dämpfens bleibt zum einen der Fischgeschmack erhalten · Zum andern kommen die Aromen von Ingwer, Petersilie, Sojasauce und Sherry mit hinzu**

# Forelle auf Zucchini gedämpft

Die Forellen unter fließendem kaltem Wasser waschen, mit Küchenpapier trockentupfen und die Haut auf beiden Seiten 3- bis 4-mal schräg einschneiden. Die Fische innen und außen mit Salz und Pfeffer würzen.

Die Zitrone für die Würzmischung heiß waschen, trockentupfen, die Schale abreiben und den Saft auspressen. Ingwer und Zwiebel schälen und beides klein würfeln. In einer kleinen Schüssel Zitronenschale mit Ingwer, Zwiebel und Petersilie vermengen und die Hälfte der Würzmischung in den Bauchhöhlen der Forellen verteilen.

Die Zucchini waschen, von Stiel- und Blütenansätzen befreien und in dünne Scheiben schneiden. Eine feuerfeste Form mit Öl auspinseln, die Zucchinischeiben dachziegelartig einschichten, salzen und mit 1 EL Zitronensaft beträufeln.

Für die Marinade die Sojasauce mit dem Sherry, 2 EL Zitronensaft, Sesamöl, Zucker, Salz und Pfeffer gut verrühren und etwas von der Marinade in die Bauchhöhlen der Fische träufeln. Die Forellen auf das Zucchinibett legen, die restliche Würzmischung darüber streuen und mit der restlichen Marinade beträufeln.

In einem Wok 3/8 l leicht gesalzenes Wasser zum Kochen bringen. Die Form auf einen Siebeinsatz in den Wok stellen und die Forellen im geschlossenen Wok bei mittlerer Hitze etwa 20 Minuten dämpfen.

Herausnehmen, die gedämpften Forellen in 4 Portionen teilen und auf vorgewärmten Tellern anrichten und servieren.

**Gelingt leicht · Ideal auch, wenn Gäste kommen, etwa als Fischgang eines sommerlichen Menüs · Ist schnell zubereitet**

# Filet von der Lachsforelle in Pinot grigio pochiert

Das langsame Garziehen bekommt empfindlichen Fischen ganz besonders gut; so können sie nicht austrocknen. In diesem Fall ist im Sud schon ein Schuss von dem Wein mit dabei, der maßgeblich den Geschmack der Sauce mitbestimmt. Und ihn – bestens geeignet ist etwa ein Pinot grigio aus dem Veneto – trinkt man dann am besten auch zu diesem angenehm leichten Mahl.

## ZUBEREITUNG

Die Schalotte schälen und in feine Würfel schneiden. In einem entsprechend großen Topf – es müssen später die Lachsforellenfilets darin Platz finden – 10 g Butter zerlassen und die Schalottenwürfel darin hell anschwitzen. Mit einem Schuss Wein ablöschen und den Fischfond zugießen. Das Lorbeerblatt einlegen und alles 2 bis 3 Minuten kochen lassen.

Den Topf vom Herd stellen, die Fischfilets einlegen und 5 bis 7 Minuten pochieren. Herausnehmen und die Filets zugedeckt warm stellen.

Aus dem Pochierfond das Lorbeerblatt entfernen, den restlichen Wein angießen und alles auf die Hälfte einkochen lassen. Die Sahne zugießen und weitere 8 bis 10 Minuten köcheln lassen. Die Sauce durch ein Sieb passieren und mit Zitronensaft, Salz und Pfeffer würzen. Mit einem Schneebesen die kalte Butter in Flöckchen unter die heiße Sauce schlagen.

Die Lachsforellenfilets auf vorgewärmten Tellern anrichten, mit der Weißweinsauce umgießen und mit den Kräutern garnieren. Nach Belieben grüne Tagliatelle dazureichen.

## ZUTATEN

2 Lachsforellenfilets von je etwa 400 g
20 g Schalotte
10 g Butter
1/4 l Weißburgunder, etwa ein Pinot grigio
400 ml Fischfond
1/2 Lorbeerblatt
1/4 l Sahne
1 TL Zitronensaft
Salz, frisch gemahlener Pfeffer
40 g kalte Butter
Außerdem:
Kerbelblättchen und Dillspitzen zum Garnieren

**Saftiger Fisch, auf den Punkt gegarter Spargel –** und dazu eine herrlich erfrischende herzhaft-würzige Vinaigrette mit gebratenen Speckwürfeln.

**Zwei köstliche Gerichte zur Spargelsaison, die man sich nicht entgehen lassen sollte · Mal mit feiner Sahnesauce, mal mit deftiger Vinaigrette**

# Pochierter Lachs mit weißem und grünem Spargel

Obwohl bei den Rezeptvorschlägen beide Male Lachs und Spargel die Hauptrolle spielen, ist das Ergebnis doch ganz unterschiedlich.

## ZUTATEN

4 Stück Lachsfilet von je etwa 180 g, ohne Haut

Für den Sud:
40 g Zwiebel, 40 g Möhre
40 g Lauch, 40 g Knollensellerie
1/4 l Weißwein, Salz
2 Lorbeerblätter, 5 Pfefferkörner

Für den Spargel:
1 kg grüner Spargel, Salz
40 g Butter, gemahlener Pfeffer
1 TL abgeriebene, unbehandelte Zitronenschale

Für die Speck-Vinaigrette:
100 g roh geräucherter, durchwachsener Speck
2 EL Sonnenblumenöl
4 EL Weißweinessig
100 ml Gemüsefond
Salz, frisch gemahlener Pfeffer
1 Prise Zucker

Außerdem:
Küchengarn
1 EL Schnittlauchröllchen

## MIT EINER SPECK-VINAIGRETTE

Das Gemüse für den Sud putzen oder schälen und alles fein würfeln. In einem entsprechend großen Topf den Wein mit 1 l Wasser, Salz, Lorbeerblättern und Pfefferkörnern zum Kochen bringen. Das gewürfelte Gemüse zufügen, die Hitze reduzieren und den Sud 20 Minuten köcheln lassen.

Spargel waschen, das untere Ende abschneiden und das untere Drittel der Stangen dünn schälen. Die Spargelstangen mit Küchengarn zu 4 gleich großen Bündeln zusammenbinden und den Spargel in leicht gesalzenem Wasser – er sollte gerade eben von Wasser bedeckt sein – bei mittlerer Hitze in 15 bis 20 Minuten nicht zu weich garen. Herausnehmen, gut abtropfen lassen und das Küchengarn entfernen.

Den Speck fein würfeln. Das Öl in einer großen Pfanne erhitzen und die Speckwürfel darin bei nicht zu starker Hitze knusprig braten. Mit Essig und Gemüsefond ablöschen

**Den Spargel mit dem zart pochierten Lachs** anrichten, mit Erbsen und Morcheln garnieren, mit etwas Safransauce umgießen und servieren.

und den Speck mit Salz, Pfeffer und Zucker würzen. Die Butter in einer separaten Pfanne zerlassen und den Spargel darin schwenken. Mit Salz, Pfeffer und Zitronensaft würzen.

Parallel dazu die Lachsstücke in den vorbereiteten Sud einlegen und in 5 bis 6 Minuten gar ziehen lassen. Herausheben und abtropfen lassen. Den Spargel auf vorgewärmten Tellern mit je 1 Stück Lachs anrichten. Mit der heißen Speck-Vinaigrette beträufeln, mit Schnittlauch bestreuen und servieren.

## MIT ERBSEN, MORCHELN UND EINER FEINEN SAFRANSAUCE

Das Gemüse für die Court-Bouillon putzen. Möhre und Stangensellerie in Scheiben – die Blätter grob zerzupfen –, Lauch und Zwiebel in Ringe schneiden. In einem Topf 1,2 l Wasser mit Salz und Gemüse 20 Minuten köcheln. Wein, Petersilie und Lorbeerblatt zufügen und weitere 15 Minuten köcheln lassen.

Die Schalotte für die Safransauce schälen und in Scheiben schneiden. In einer Kasserolle die Schalotte mit dem Wein und dem Noilly Prat zum Kochen bringen, den Fischfond zugießen und alles bei mittlerer Hitze auf ein Drittel reduzieren. Die Sahne einrühren und cremig einkochen lassen. Durch ein Sieb in einen kleinen Topf passieren, Safran, Salz, Cayennepfeffer und Zitronensaft einrühren und die Sauce weitere 10 Minuten köcheln lassen, beiseite stellen.

Vom Spargel das untere Ende abschneiden, die Stangen schälen und in mit etwas Salz und Zitronensaft versetztem Wasser 10 bis 12 Minuten kochen. Herausheben und den Spargel gut abtropfen lassen. Die Erbsen auspalen und in Salzwasser gar kochen, abgießen und abtropfen lassen. Die Morcheln waschen, abtropfen lassen, größere Exemplare halbieren.

Die Lachsschnitten in der Court-Bouillon in 5 Minuten gar ziehen lassen. In einer Kasserolle 20 g Butter zerlassen, Spargel und Erbsen darin schwenken, salzen und pfeffern. In einer separaten Pfanne die restlichen 10 g Butter zerlassen und die Morcheln darin 2 Minuten braten, salzen und pfeffern. Die Safransauce erwärmen, die kalte Butter zufügen, mit dem Pürierstab aufmixen und abschmecken. Den Lachs aus dem Sud heben, abtropfen lassen und anrichten, wie unten beschrieben.

### ZUTATEN

4 Lachsschnitten von je 200 g, ohne Haut
Für die Court-Bouillon:
50 g Möhre
40 g Stangensellerie mit Grün
40 g Lauch, 50 g Zwiebel
1/2 TL Meersalz
1/8 l trockener Weißwein
4 Petersilienstängel
1 kleines Lorbeerblatt
Für die Safransauce:
20 g Schalotte
100 ml Weißwein
2 cl Noilly Prat
400 ml Fischfond
1/4 l Sahne
1 Döschen Safranpulver
Salz, Cayennepfeffer
einige Tropfen Zitronensaft
20 g kalte Butter, in Stücken
Für das Gemüse:
200 g weißer Spargel
Salz, etwas Zitronensaft
300 g Erbsen in der Schale
80 g Morcheln
30 g Butter
frisch gemahlener Pfeffer

# Braten, backen & grillen

Fischgenuss pur versprechen diese drei Zubereitungsarten, bei denen Lachs, Forelle & Co. die Hauptrolle übernehmen. Ob aus Pfanne oder Ofen, in reichlich schäumender Butter gebraten, in hauchdünnen Teig gehüllt oder gar im Ganzen geduldig über der Glut gedreht – allein der Duft verspricht große Gaumenfreuden, vor allem, wenn noch aromatische Kräuter, ein Hauch Knoblauch oder die Frische von Zitronen hinzukommen.

**Die Kräuterforellen** weichen von dem traditionellen Rezept der Forelle »Müllerin« ab, weil sie in Ölivenöl statt Butter gebacken, mit einem Hauch Knoblauch versehen und mit Weißwein abgelöscht werden.

**Ein einfaches Rezept, doch auf der ganzen Welt geschätzt · Die Butter muss vor dem Braten der Fische geklärt werden, da die Eiweißbestandteile sonst verbrennen und schwarz werden**

# Forelle »Müllerin« aus der Pfanne

## ZUTATEN

Forelle »Müllerin«
4 küchenfertige Regenbogenforellen von je etwa 350 g
Saft 1/2 unbehandelten Zitrone
Salz, frisch gemahlener Pfeffer
Mehl, 250 g Butter
3 EL Petersilie, gehackt
Außerdem nach Belieben:
2 unbehandelte Zitronen, geschält

Kräuterforellen
4 küchenfertige Regenbogenforellen von je etwa 300 g
Salz, frisch gemahlener Pfeffer

Bei der Zubereitung nach Müllerinart, »à la meunière«, spielt das Mehl des Müllers eine entscheidende Rolle. Für das klassische Gericht wird der Fisch einfach in Mehl gewälzt und in Butter gebraten. Diese einfachste Panade der Welt sorgt dafür, dass das weiße Fischfleisch beim Braten schön saftig bleibt und die Forelle ihre schöne, goldgelbe Kruste bekommt. Neben dem Grundrezept für Forelle »Müllerin« finden sich auf diesen beiden Seiten noch verschiedene Varianten. Wer mag, reichert das Original mit Zitronenscheiben an, manchmal mischt auch noch Knoblauch mit. Sehr empfehlenswert ist aber auch die Müllerin-Variante mit Saibling.

## FORELLE MÜLLERIN

Hier werden die Forellen in geklärter Butter gebraten; wem dies zu aufwändig ist, kann aber auch normale Butter verwenden.

## ZUBEREITUNG

Die Forellen von innen und außen gründlich unter fließendem kaltem Wasser waschen und mit Küchenpapier trockentupfen. Die Bauchhöhle der Fische jeweils mit Zitronensaft einstreichen und mit Salz und Pfeffer würzen.

Die Forellen in Mehl wenden und gut abklopfen, wie in den ersten beiden Steps der Bildfolge rechts gezeigt.

**Nach Müllerinart gebacken** wurde hier ein Bachsaibling, mit Salbei aromatisiert und mit Mandelblättchen und Cocktailtomaten angerichtet.

Die Butter klären, das heißt, in einer Kasserolle bei geringer Hitze flüssig halten, bis sich das enthaltene Eiweiß am Boden abzusetzen beginnt – in der Hauptsache handelt es sich dabei um Kasein, das ausgefällt wird – abschäumen und die Butter in ein hitzebeständiges Gefäß abgießen. Eine entsprechend große Pfanne erhitzen, die geklärte Butter darin erhitzen und die Forellen braten, wie im dritten und vierten Step gezeigt.

Die Forelle nach Belieben mit Zitronenscheiben servieren. Wer will, kann diese auch noch im Bratfett schwenken.

## KRÄUTERFORELLEN

Die Forellen waschen und abtropfen lassen. Von innen und außen mit Salz und Pfeffer würzen. Knoblauchzehen schälen und fein hacken. Das Olivenöl in einer großen Pfanne erhitzen. Die Forellen mit wenig Mehl bestauben und im heißen Öl bei mittlerer Hitze von beiden Seiten anbraten.

Knoblauch, Petersilie und die in Scheiben geschnittene Zitrone zufügen, alles kurz mitbraten. Den Weißwein angießen und den Fisch bei milder Hitze noch etwa 10 Minuten dünsten. Die Forelle auf einer Platte anrichten, Sauce etwas reduzieren und darüber gießen.

## SAIBLING MIT MANDELN

Die Saiblinge innen und außen waschen, trockentupfen, salzen und pfeffern. In jede Bauchhöhle einen Salbeizweig legen. Die Fische leicht mit Mehl bestauben. Öl und Butter in einer Pfanne erhitzen und die Saiblinge darin bei mittlerer Hitze von jeder Seite 5 Minuten braten. Mandeln in den letzten 2 Minuten mitbräunen. Saiblinge auf vorgewärmten Tellern warm halten. Die Hälfte der Tomaten quer halbieren, alle Tomaten im heißen Bratfett kurz schwenken und mit Petersilie, Salz und grob gemahlenem Pfeffer bestreuen. Die Fische mit Bratbutter und Mandeln übergießen, mit Tomaten garnieren und servieren.

3 Knoblauchzehen, 80 ml Olivenöl
Mehl, 4 EL gehackte Petersilie
1 unbehandelte Zitrone, in Scheiben,
150 ml Weißwein

Saibling mit Mandeln
4 küchenfertige Bachsaiblinge
von je etwa 300 g, Salz, Pfeffer
4 kleine Salbeizweige, Mehl
1 EL Sonnenblumenöl, 80 g Butter
60 g gehobelte Mandeln
Außerdem:
100 g orangefarbene Cocktailtomaten, gewaschen, ohne Stielansatz
1 EL gehackte Petersilie, Salz, Pfeffer

**Forelle »Müllerin« zubereiten:**

Das Mehl auf einen Teller schütten und die küchenfertige, gewaschene und sorgfältig trockengetupfte Forelle darauf legen.

Die Forellen nacheinander im Mehl wenden und das überschüssige Mehl jeweils gründlich abklopfen.

In einer großen Pfanne die geklärte Butter erhitzen und die Forellen darin von jeder Seite 6 bis 7 Minuten braten.

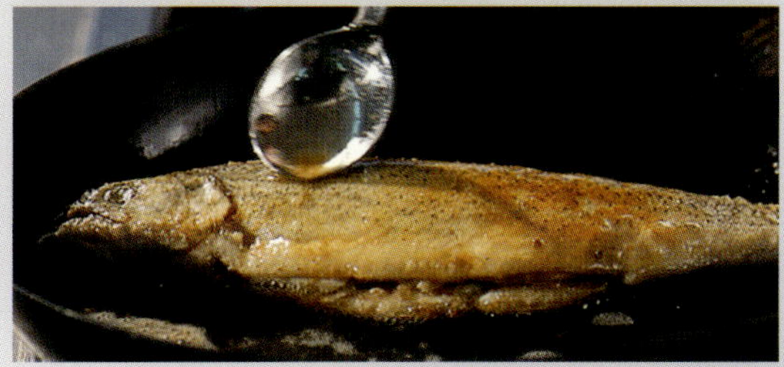

Die Fische wiederholt mit Bratbutter beträufeln, bis der Fisch eine knusprig-braune Kruste hat. Die Forellen aus der Pfanne nehmen.

3 EL gehackte Petersilie im Bratfett schwenken. Den Fisch nach Belieben mit Zitronenscheiben anrichten, mit der Butter überziehen.

**Ein knuspriger Kontrast** zum zarten Fisch ist die feine Kruste aus Semmelbröseln und Butter.

**Ein unverfälschter Genuss · Fangfrischer Fisch, mal im Ganzen mit feiner Butterkruste, mal als Filet mit Nizza-Gemüse und aromatisiert mit Salbei · Einfach in der Zubereitung**

# Zweimal frische Forelle, in Butter gebraten

## ZUTATEN

Für 2 Portionen
2 küchenfertige Forellen, von je etwa 300 g
Salz, 2 Stängel Petersilie
2 Stängel Dill
40 g kalte Butter
frisch gemahlener Pfeffer
100 g Butter
50 g Semmelbrösel
Für die Champignons:
200 g Champignons
40 g Butter
Salz, frisch gemahlener Pfeffer
1 EL gehackte Petersilie

Zwei leichte Gerichte, bei denen der Eigengeschmack der frischen Forelle jeweils voll zur Geltung kommt.

## ZUBEREITUNG

Die Forellen unter fließendem kaltem Wasser von innen und außen gründlich waschen und trockentupfen. Die Bauchhöhle eines jeden Fisches mit Salz ausreiben und je 1 Stängel Petersilie und Dill einlegen. Die kalte Butter in kleine Würfel schneiden und ebenfalls in die Bauchhöhle der Forellen legen. Die Fische von außen salzen und pfeffern.

Die 100 g Butter in einer großen feuerfesten Pfanne zerlassen und die Fische darin von jeder Seite 2 Minuten braten. Mit Semmelbröseln bestreuen und mit dem Bratfett beträufeln. In den Ofen schieben und die Forellen bei 200 °C im vorgeheizten Ofen in 8 Minuten fertig garen.

Inzwischen die Champignons putzen und in feine Scheiben schneiden. Die Butter in einer Pfanne zerlassen, die Pilze darin 2 bis 3 Minuten anschwitzen, salzen, pfeffern und die Petersilie einstreuen. Die Champignons mit den fertigen Forellen anrichten, servieren.

## FORELLENFILET MIT NIZZA-GEMÜSE

Für dieses Rezept kocht man zunächst aus den Karkassen der Fische, also aus Kopf und Gräten, einen Fond, der später dann das gebratene Forellenfilet verfeinert.

## ZUBEREITUNG

Die Forellen unter fließendem kaltem Wasser von innen und außen gründlich waschen und sorgfältig trockentupfen. Kopf, Schwanz und Flossen abschneiden. Mit einem scharfen Messer entlang des Rückgrats einschneiden und die Filets vorsichtig von den Gräten abheben. Kleinere Gräten mit der Pinzette entfernen. Die Forellenfilets mit der Hautseite nach unten auf ein Küchenbrett legen. Mit dem Messer zwischen Haut und Fleisch ansetzen, die Filets in einem Zug ablösen und bis zur weiteren Verwendung kühl stellen.

Kopf und Gräten der Fische für den Fond grob zerkleinern, unter fließendem kaltem Wasser abspülen und gut abtropfen lassen. Die Butter in einem Topf zerlassen und die Karkassen darin 3 bis 4 Minuten anziehen lassen, ohne dass sie Farbe nehmen. Das Gemüse putzen, grob zerkleinern und zufügen. Den Weißwein angießen und köcheln lassen. 1/2 l Wasser, Lorbeerblatt, Petersilienstängel und Pfefferkörner einlegen. Den Fond aufkochen und mit einem Schaumlöffel abschäumen. 20 bis 30 Minuten köcheln lassen, abseihen und den Fond auf etwa 100 ml reduzieren.

Für das Gemüse das Fruchtfleisch der Paprikaschoten 1/2 cm groß würfeln. Die Zwiebeln schälen, vierteln und in feine Streifen schneiden. Knoblauch schälen und fein hacken. Die Zucchini vierteln und in dünne Scheiben schneiden. Die Tomaten vierteln, Samen und Stielansätze entfernen und das Fruchtfleisch 1/2 cm groß würfeln. Kartoffeln schälen, 1 cm groß würfeln, im Salzwasser 8 bis 10 Minuten kochen, abgießen und beiseite stellen. Die Paprikawürfel, Zwiebeln und Knoblauch im Öl hell anschwitzen, Zucchini, Tomaten- und Kartoffelwürfel zugeben, salzen, pfeffern und alles warm halten.

Forellenfilets salzen und pfeffern, in Öl und Butter 1 Minute braten, anrichten. Salbeiblätter im verbliebenen Bratfett schwenken und herausnehmen. Reduzierten Fond in die Pfanne gießen, einmal aufkochen und abschmecken. Das Gemüse über den Filets verteilen, mit Fond begießen und mit Salbei garnieren.

ZUTATEN

4 küchenfertige Regenbogenforellen, von je 350 bis 400 g
Salz, frisch gemahlener Pfeffer
1 EL Sonnenblumenöl, 30 g Butter
Für den Fischfond:
30 g Butter, 50 g Schalotten
80 g Lauch, nur das Weiße
50 g Petersilienwurzel
30 g Stangensellerie
150 ml Weißwein
1 Lorbeerblatt
1 Petersilienstängel
5 weiße Pfefferkörner
Für das Gemüse:
je 1 kleine orangefarbene und grüne Paprikaschote (je etwa 100 g)
80 g weiße Zwiebeln
1 Knoblauchzehe
je 100 g grüne und gelbe Zucchini
120 g Tomaten, 150 g Kartoffeln
Salz, 2 EL Sonnenblumenöl
frisch gemahlener Pfeffer
Außerdem:
4 Salbeizweige

**Schön saftig** bleiben die Forellenfilets, weil sie wirklich nur ganz kurz – nämlich 1 Minute von jeder Seite – gebraten werden. Hinzu kommt noch der reduzierte Fond, gewonnen aus den Karkassen der Fische, sowie appetitlich-frisches Gemüse von Markt oder Garten.

## ZUTATEN

200 g Lachsfilet mit Haut
Salz, frisch gemahlener Pfeffer
2 EL Pflanzenöl
Für die Blini:
6 g frische Hefe, 65 g Mehl
65 ml lauwarme Milch
1 Eigelb, 1 Eiweiß
Salz, frisch gemahlener Pfeffer
Für die Dill-Meerrettich-Sauce:
20 g Schalotte, 10 g Butter
100 ml Weißwein
100 ml Gemüsefond, 150 ml Sahne
30 g frisch geriebener Meerrettich
Salz, frisch gemahlener Pfeffer
1 Prise Zucker
1 EL fein geschnittener Dill
Für die Zucchini:
120 g Zucchini
je 30 g rote und gelbe
Cocktailtomaten
2 EL Pflanzenöl
Salz, frisch gemahlener Pfeffer
Außerdem:
Pflanzenöl zum Ausbacken
Dillzweige zum Garnieren

**Auf goldgelb ausgebackenen Blini und einer gebratenen Zucchinirosette attraktiv angerichtet · Mit Cocktailtomaten garniert und mit einer sämigen Dill-Meerrettich-Sauce serviert**

# Kross gebratener Lachs

Dieses Zwischengericht oder leichte Hauptgericht – dann 80 g Lachs pro Portion rechnen – sieht nicht nur gut aus, sondern schmeckt auch hervorragend. Damit der Lachs jedoch auch wirklich kross wird, muss es unbedingt ein Stück mit Haut sein. Darauf sollte man deshalb schon beim Einkauf achten.

## ZUBEREITUNG

Für den Bliniteig die Hefe mit 1/3 Mehl und der lauwarmen Milch verrühren und den Teig 30 Minuten an einem warmen Ort gehen lassen. Das restliche Mehl sowie das Eigelb einarbeiten. Den Teig erneut 20 Minuten gehen lassen. Das Eiweiß steif schlagen und unter den Teig ziehen. Mit Salz und Pfeffer würzen.

Für die Dill-Meerrettich-Sauce die Schalotte schälen und fein hacken. Die Butter in einer Kasserolle zerlassen und die Schalottenwürfel darin farblos anschwitzen. Den Weißwein sowie den Gemüsefond angießen und beides auf etwa die Hälfte einkochen lassen. Die Sahne zugießen und die Sauce sämig einkochen lassen. Den geriebenen Meerrettich, Salz, Pfeffer und Zucker zufügen und die Sauce noch kurz köcheln lassen. Den Dill einstreuen und die Sauce bis zur weiteren Verwendung warm halten.

Die Zucchini waschen. Blüten- und Stielansatz entfernen und das Fruchtfleisch in etwa 3 mm dicke Scheiben schneiden. Die roten und gelben Cocktailtomaten waschen, jeweils den Stielansatz entfernen und die Tomaten je nach Größe quer halbieren oder ganz lassen. Das Öl in einer Pfanne erhitzen und die Zucchinischeiben darin von beiden Seiten anbraten. Mit Salz und Pfeffer würzen. Die Tomaten kurz mitbraten.

Aus dem Teig 4 Blini von etwa 10 cm Durchmesser backen. Dafür in einer Pfanne etwas Öl erhitzen und die Blini darin entweder gleichzeitig oder nacheinander von beiden Seiten goldgelb ausbacken.

Das Lachsfilet in 4 Stücke von je 50 g teilen, die Haut kreuzweise einschneiden und die Lachsschnitten salzen und pfeffern. Das Öl in einer Pfanne erhitzen, die Lachsfiletstücke mit der Hautseite nach unten einlegen und von jeder Seite 1 bis 2 Minuten braten. Aus der Pfanne nehmen und die Lachsfiletstücke noch kurz warm halten.

Die Dill-Meerrettich-Sauce, falls nötig, nochmals erwärmen und mit dem Pürierstab luftig aufmixen.

Je 1 Blini auf einen vorgewärmten Teller legen, einige der gebratenen Zucchinischeiben rosettenförmig darauf anrichten. Jeweils ein Stück Lachsfilet darauf legen und das Arrangement mit der Dill-Meerrettich-Sauce umgießen. Die Lachsschnitte mit den gebratenen Tomaten sowie mit ein paar Dillstängeln garnieren und servieren.

**Köstlich gefüllt wird hier ein Saibling mit einer delikaten Farce aus Forellenfilet, Möhrenstückchen und Trüffelstreifen · Dazu passen sehr gut in Butter geschwenkte Bandnudeln**

# Gefüllter Bachsaibling mit Sommertrüffeln

Die Farce mit einem Löffel glatt streichen und in die Mitte die Trüffelstifte hintereinander darauf legen.

Saiblinge zusammenklappen und wie einen Rollbraten verschnüren, so dass keine Farce austreten kann.

Die gefüllten Saiblinge in die feuerfeste Form in den Sud aus Gemüse, Portwein und Weißwein legen.

Die kalte Trüffelbutter flöckchenweise mit dem Schneebesen in den Sud rühren und diesen abschmecken.

Ganz wichtig: Soll ein Fisch so gefüllt werden wie dieser – er wird nicht am Bauch aufgeschnitten, sondern vom Rücken her entgrätet – braucht man dafür frische, noch nicht ausgenommene Exemplare. Ist der Fisch – in diesem Fall ein Saibling – bereits ausgenommen, kann man ihn vom Bauch her füllen, muss ihn dann aber an der Unterseite zunähen.

## ZUBEREITUNG

Die Saiblinge zum Füllen vorbereiten. Dazu den Fisch mit einem kurzen, scharfen Messer – am Kopf beginnend – beidseits der Mittelgräte (Rückgrat) einschneiden. Mit dem Messer vorsichtig an den Bauchgräten entlang fahren, die Eingeweide in der Bauchhöhle dürfen nicht verletzt werden.

Die Mittelgräte an der Schwanzflosse und dicht hinter dem Kopf abtrennen und mitsamt den Bauchgräten herausheben. Die freigelegten Eingeweide vorsichtig herausheben und hinter dem Kopf abschneiden. Die in den Filets verbliebenen kleinen Fischgräten mit einer Pinzette oder Grätenzange entfernen. Die Fische von innen leicht mit Salz und Pfeffer würzen und zugedeckt kalt stellen.

Das Forellenfilet für die Farce in kleine Würfel schneiden, mit der Sahne im Mixer fein pürieren und durch ein Sieb streichen. Die Farce in eine Schüssel füllen und auf Eiswürfel stellen. Die Möhren schälen, 1/2 cm groß würfeln und in leicht gesalzenem Wasser etwa 5 Minuten kochen, abgießen, kalt abspülen und gut abtropfen lassen. Die Möhren unter die Farce mischen und mit Salz und Pfeffer würzen.

Die Sommertrüffeln putzen, waschen, trockentupfen und dünn schälen. Die Trüffelabschnitte mit dem Portwein in einer kleinen Kasserolle aufkochen, auf die Hälfte reduzieren und durch ein Sieb passieren. 20 g der geschälten Trüffeln in 3 mm breite und 4 cm lange Streifen schneiden. Weitere 20 g Trüffeln fein hacken, mit der weichen Butter verrühren und kalt stellen.

Die Farce in einen Spritzbeutel (Lochtülle Nr. 11) füllen, gleichmäßig auf dem Bauch der Fische verteilen, glatt streichen. Weiterverfahren, wie in den ersten 2 Steps links gezeigt.

Die Schalotten für den Sud schälen und fein hacken. Stangensellerie putzen, eventuell vorhandene Fäden abziehen und 1/2 cm groß würfeln. Die Butter in einer entsprechend großen feuerfesten Form zerlassen, die Schalotten und den Sellerie darin hell anschwitzen. Mit dem reduzierten Portwein und dem Weißwein ablöschen, salzen und pfeffern. Die gefüllten Saiblinge in den Sud legen, wie im dritten Step der Bildfolge gezeigt.

Ein Stück Alufolie mit Öl bepinseln und die Form damit verschließen. Die Saiblinge bei 200 °C etwa 20 Minuten garen. Herausnehmen, den Sud etwa auf die Hälfte reduzieren und weiterverfahren, wie im letzten Step der Bildfolge gezeigt.

Von den Saiblingen das Garn entfernen und die Fische quer in 3 cm breite Tranchen schneiden. Diese auf vorgewärmten Tellern mit der Sauce anrichten und mit dem Selleriegrün bestreuen. Restliche Trüffeln darüber hobeln, nach Belieben mit Nudeln servieren.

## ZUTATEN

2 ganz frische Bachsaiblinge von je 400 g, nicht ausgenommen
Salz, frisch gemahlener Pfeffer
80 g Sommertrüffeln
8 cl weißer Portwein
30 g weiche Butter
Für die Farce:
100 g frisches Forellenfilet ohne Haut, gut gekühlt
100 ml Sahne, gut gekühlt
100 g Möhren, Salz
frisch gemahlener Pfeffer
Für den Sud:
50 g Schalotten, geschält
150 g Stangensellerie
1/4 l kräftiger Weißwein, etwa ein Grauburgunder
Salz, frisch gemahlener Pfeffer
Außerdem:
Eiswürfel, Küchengarn
Alufolie, etwas Pflanzenöl
1 EL Stangenselleriegrün, fein geschnitten

**Schalotten- und Tomatenwürfel** in zerlassener Butter bilden die Grundlage für dieses köstliche Gericht, das im Ofen gegart wird.

**Lachs in cremiger Sauce · Die ideale Beilage zu diesem Gericht ist Blattspinat · Ungewöhnlich aber raffiniert: Die Sahne wird in diesem Fall mit gemahlenem Kümmel gewürzt**

# Lachs in Sahnesauce

ZUTATEN

Für 2 Portionen
1 Stück Lachsfilet von etwa 300 g
100 g Tomaten
20 g Schalotte
1 Knoblauchzehe, halbiert
30 g Butter
Salz, frisch gemahlener Pfeffer
1/4 l Sahne
1 Messerspitze gemahlener Kümmel

Wer den Fisch noch saftiger wünscht, deckt die Form einfach während der ersten Hälfte der Garzeit im Ofen mit Alufolie ab.

ZUBEREITUNG

Das Lachsfilet parieren und mit Küchenpapier abtupfen. Die Tomaten blanchieren, kalt abschrecken und häuten. Stielansätze und Samen entfernen und das Fruchtfleisch in kleine Würfel schneiden. Die Schalotte schälen und fein würfeln.

Eine feuerfeste Form mit Knoblauch ausreiben, auf dem Herd erhitzen, die Butter darin zerlassen und die Schalotte bei geringer Hitze farblos anschwitzen. Die Tomatenwürfel kurz mitschwitzen.

Den Fisch salzen, pfeffern und in die Form legen. Sahne mit Salz und gemahlenem Kümmel würzen und über den Lachs gießen.

Das Lachsfilet bei 220 °C im vorgeheizten Ofen 6 bis 10 Minuten schmoren. Herausnehmen und das Filet in 2 Portionen teilen. Mit etwas Sauce auf vorgewärmten Tellern anrichten und servieren.

**Ein Sommergericht par excellence · Der Fisch wird erst angebraten und zieht dann auf einem Gemüsebett gar · Zuletzt kommen die gebratenen Pilze und Weißwein dazu**

# Lachs mit Pfifferlingen

Die Lachsstücke salzen und pfeffern. Zwiebeln schälen und fein würfeln. Die Zucchini vom Blüten- und Stielansatz befreien und quer in 2 mm dicke Scheiben schneiden. Den Stangensellerie putzen, eventuell vorhandene grobe Fäden abziehen und die Stangen in feine, 5 cm lange Streifen schneiden. Die Pfifferlinge putzen und mit Küchenpapier abreiben – möglichst nicht waschen –, kleinere Exemplare ganz verwenden, größere halbieren.

Eine entsprechend große feuerfeste Form mit 20 g Butter ausstreichen und die Zwiebeln auf dem Boden der Form verteilen. Zucchinischeiben und die Stangenselleriestreifen darüber schichten und das Gemüse mit Salz und Pfeffer würzen. Die Form auf den Herd stellen und die Zutaten bei geringer Hitze anschwitzen. Den Fischfond zugießen und alles noch 2 bis 3 Minuten weiterköcheln.

20 g Butter in einer Pfanne zerlassen, die gewürzten Lachsfiletstücke mit der Hautseite nach unten darin 2 Minuten anbraten, herausnehmen und auf das Gemüsebett setzen.

Die restliche Butter in einer separaten Pfanne zerlassen und die Pfifferlinge darin anbraten. Petersilie einstreuen, salzen und pfeffern. Die Pfifferlinge auf den Lachsschnitten verteilen, den Wein angießen. Alles bei geringer Hitze noch 4 bis 5 Minuten ziehen lassen, servieren.

ZUTATEN

4 Lachsfiletstücke mit Haut, von je etwa 150 g
Salz, frisch gemahlener Pfeffer
100 g Zwiebeln
200 g grüne Zucchini
80 g Stangensellerie
250 g Pfifferlinge
50 g Butter
100 ml Fischfond
1 EL gehackte Petersilie
100 ml Weißwein

**Die runden Zucchini sehen besonders hübsch aus · Wer sie nicht bekommt, kann jedoch auch zu den länglichen greifen**

# Runde Zucchini mit Lachs

Die im Rezept angegebenen Mengen reichen entweder als Vorspeise für 4 oder als Hauptgericht für 2 Portionen. Will man die gefüllten Zucchini seinen Gästen als Hauptgericht servieren, variiert man einfach die Zutatenmenge entsprechend und serviert etwa Safranreis als Beilage. Kaiserlinge – überaus delikate Speisepilze, leider aber rar und teuer – haben einen sehr feinen Geschmack und sind daher der Pilz der Wahl. Wer sie nicht bekommt, kann auch zu Steinpilzen greifen.

## ZUBEREITUNG

Das Lachsfilet in 1 1/2 bis 2 cm große Würfel schneiden. Die Frühlingszwiebeln für die Marinade putzen, waschen, fein hacken und mit

Petersilie, Meerrettich, Zitronensaft, Öl, Salz und Pfeffer in einer Schüssel verrühren. Die Lachswürfel locker untermischen und 40 Minuten kühl durchziehen lassen.

Die Zucchini waschen, von Blüten- und Stielansätzen befreien und die Früchte längs halbieren. Mit einem Kugelausstecher aushöhlen, dabei ringsum einen 1/2 cm breiten Rand stehen lassen. 100 g des ausgehöhlten Fruchtfleisches für die Füllung fein würfeln, das restliche Fruchtfleisch anderweitig verwenden.

Die Pilze für die Füllung putzen, in 1/2 cm große Würfel schneiden, den Speck fein würfeln. Die Frühlingszwiebeln putzen, waschen und in feine Ringe schneiden. Das Öl in einer Pfanne erhitzen, Speck und Frühlingszwiebeln darin 1 bis 2 Minuten braten. Die Pilze sowie die beiseite gestellten Zucchiniwürfel 3 bis 4 Minuten mitbraten, salzen, pfeffern und die gehackte Petersilie unterrühren.

Den Fischfond, den Weißwein, die Zwiebelwürfel, Thymian und Pfefferkörner in einer Kasserolle aufkochen und auf etwa 200 ml

reduzieren. Durch ein Sieb passieren, die Crème faîche einrühren und die Sauce mit Salz und Pfeffer abschmecken.

Die Zucchinihälften in eine feuerfeste Form setzen und bis zum Rand mit der Pilz-Zucchini-Mischung füllen, wie im ersten Bild oben zu sehen. 2/3 der Sauce angießen, die Form mit Alufolie verschließen und die Zucchinihälften im vorgeheizten Ofen 20 bis 25 Minuten bei 180 °C garen.

Die Form aus dem Ofen nehmen, die marinierten Lachswürfel auf den Zucchinihälften verteilen, mit der restlichen Sauce beträufeln und nochmals für 6 bis 8 Minuten in den Ofen stellen. Herausnehmen, die gefüllten Zucchini mit Meerrettich bestreuen und servieren.

## ZUTATEN

Für 2 Portionen als Hauptgericht oder für 4 Portionen als Vorspeise
250 g Lachsfilet ohne Haut
4 runde Zucchini zu etwa 200 g
150 ml Fischfond
150 ml Weißwein
80 g weiße Zwiebeln, fein gehackt
4 Thymianzweige
10 weiße Pfefferkörner
2 EL Crème fraîche
Salz, frisch gemahlener Pfeffer

Für die Marinade:
30 g Frühlingszwiebeln
1 EL Petersilie, fein gehackt
1/2 EL geschabter frischer Meerrettich
1 Spritzer Zitronensaft
3 EL Sonnenblumenöl
grobes Meersalz
grob gemahlener schwarzer Pfeffer

Für die Füllung:
80 g Kaiserlinge oder Steinpilze
40 g milder roh geräucherter, durchwachsener Speck
40 g Frühlingszwiebeln
2 EL Sonnenblumenöl
Salz, frisch gemahlener Pfeffer
1 EL Petersilie, gehackt

Außerdem:
etwas frisch geschabter Meerrettich

**Frisch aus der Mühle** muss der Pfeffer sein, den Eckart Witzigmann über den attraktiv angerichteten Lachs mahlt.

**Nicht nur optisch ein Highlight · Das Rezept ist ein Klassiker aus dem legendären »Aubergine« in München · Lachsscheiben mit Kräutersauce glasiert**

# Rosette vom Lachs

Aus zweierlei Grundsaucen – einer Weißweinsauce und einer Sauce Hollandaise – ist diese wunderbar cremige Sauce zusammengesetzt, mit der Eckart Witzigmann hier die Lachsrosette überzieht. Für die Weißweinsauce wird Noilly Prat benötigt, ein trockener französischer Wermut aus Marseille, der in Eichenholzfässern fünf Jahre lang unter freiem Himmel reift.

## ZUBEREITUNG

Zunächst die Weißweinsauce herstellen. Dafür die Schalotten schälen und fein hacken. Die Champignons putzen und ebenfalls fein hacken. Die Butter in einer Kasserolle zerlassen, die Schalotten sowie die Champignons darin farblos anschwitzen. Weißwein und Noilly Prat angießen und auf die Hälfte reduzieren.

## ZUTATEN

600 g frisches Lachsfilet ohne Haut
Für die Weißweinsauce:
30 g Schalotten, 70 g Champignons
20 g Butter, 100 ml Weißwein
4 cl Noilly Prat, 200 ml Lachsfond
200 ml Sahne
Salz, frisch gemahlener Pfeffer
Für die Sauce Hollandaise:
10 g Schalotte
1 Stängel Petersilie sowie etwas Estragon und Dill
3 zerstoßene Pfefferkörner
1 EL Weißweinessig
4 EL Weißwein
1 Eigelb, 100 g geklärte Butter
Salz, 1 Prise Cayennepfeffer
1 Spritzer Zitronensaft

Die Teller mit Butter ausstreichen und mit Salz und Pfeffer bestreuen. Lachs rosettenförmig anrichten.

Die Lachsscheiben mit Salz, Pfeffer und Zitronensaft würzen und 10 Minuten durchziehen lassen.

Die Sauce gleichmäßig über die Lachsrosette verteilen. Die Lachsscheiben sollten ganz davon bedeckt sein.

Den Lachsfond zugießen und die Sauce nochmals auf die Hälfte reduzieren. Die Sahne zugießen, cremig einkochen lassen. Die Weißweinsauce durch ein feines Sieb passieren und mit Salz und Pfeffer würzen.

Für die Sauce Hollandaise die Schalotte schälen und fein hacken. Die Kräuter waschen trockenschleudern und ebenfalls fein hacken. Schalottenwürfel, Kräuter, Pfefferkörner, Essig, Weißwein und 1 EL Wasser in einer Kasserolle aufkochen. Auf 2 EL reduzieren und die Reduktion durch ein feines Sieb passieren.

Die Reduktion in eine entsprechend große Schüssel gießen, das Eigelb zufügen. Die Schüssel auf ein heißes Wasserbad stellen und die Eigelb-Mischung aufschlagen. Vom Wasserbad nehmen und die geklärte Butter erst tropfenweise, dann fadenweise unterschlagen. Die Sauce mit Salz, Cayennepfeffer und Zitronensaft würzen.

Das Lachsfilet mit einem scharfen Messer längs halbieren, dann quer in 1/2 cm dicke Scheiben schneiden. Weiterverfahren wie in den ersten beiden Steps der Bildfolge links unten gezeigt.

Die Weißweinsauce löffelweise unter die Sauce Hollandaise rühren. Die Kräuter sowie die halbsteif geschlagene Sahne unterziehen, abschmecken. Die Lachsscheiben mit der Sauce überziehen, wie im letzten Step der Bildfolge links beschrieben.

Die Lachsrosetten bei 200 °C unter dem vorgeheizten Grill 3 bis 4 Minuten gratinieren.

Außerdem:
4 feuerfeste Teller von 18 cm Innendurchmesser
20 g cremig gerührte Butter für die Teller, Meersalz
grob gemahlener schwarzer Pfeffer
etwas Zitronensaft
2 EL fein geschnittene Kräuter (Petersilie, Schnittlauch, Dill, Estragon, Sauerampfer)
1 EL halbsteif geschlagene Sahne

Genuss pur: Lachs in der Pergamenthülle im Ganzen gebraten und mit Kräutern und Gemüse gefüllt · Köstlich aber auch der Lachsforellenschwanz mit Kräuterbutter

# Zweimal Fisch mit Kräutern

## LACHS IM GANZEN GEBRATEN UND MIT KRÄUTERN GEFÜLLT

Den Lachs unter fließendem kaltem Wasser von innen und außen gründlich waschen und sorgfältig trockentupfen.

Den Fenchel waschen, Wurzelansatz und grüne Stängel abschneiden und die harten äußeren Rippen entfernen. Die Knollen halbieren und in dünne Streifen schneiden. Den Lauch putzen und waschen. Den Stangensellerie putzen und eventuell vorhandene Fäden abziehen. Die Möhren schälen. Alles Gemüse in 5 cm lange feine Streifen (Julienne) schneiden und in Salzwasser 1 Minute blanchieren, abtropfen und abkühlen lassen.

Einen Bogen Pergamentpapier mit Butter bestreichen. Das Papier mit Meersalz, Pfeffer und Koriander bestreuen. 6 Zitronenscheiben und etwa 1/3 der blanchierten Gemüsestreifen darauf verteilen. Den Lachs von innen mit Salz, Pfeffer und Koriander würzen, auf die Zitronenscheiben legen und seinen Bauch mit einem weiteren Drittel der Gemüsestreifen, Fenchelgrün, Sellerieherz und Petersilie sowie etwa 50 g Butterflöckchen und den Zitronenzesten füllen. Den Fisch von außen mit Salz, Pfeffer und Koriander würzen, mit den restlichen Zitronenscheiben und den Gemüsestreifen belegen, mit dem Wein beträufeln.

Den zweiten Bogen Pergamentpapier mit der restlichen Butter bestreichen und mit der gebutterten Seite auf den Lachs legen. Die beiden Papierbögen wie ein Päckchen verschließen. Den Fisch auf ein Blech legen und bei 180 °C im vorgeheizten Ofen 45 bis 60 Minuten braten. Herausnehmen und servieren.

## SCHWANZSTÜCK VON DER LACHSFORELLE MIT KRÄUTERBUTTER

Wer bei seinem Händler kein Schwanzstück bekommen sollte, kann natürlich auch eine ganze Lachsforelle kaufen und den Rest dann, eventuell filetiert, anderweitig verwenden.

### ZUBEREITUNG

Mit einem scharfen spitzen Messer vorsichtig unter die Haut des Lachsforellen-Schwanzstücks fahren und die Haut ablösen.

Die Butter für die Kräuterbutter schaumig rühren. Den Knoblauch durch die Presse dazudrücken. Kräuter, Salz, Pfeffer und Zitronensaft einrühren, abschmecken. 40 g Kräuterbutter in einen Spritzbeutel mit kleiner Lochtülle (Nr. 5) füllen, die restliche Kräuterbutter beiseite stellen.

Mit Hilfe des Spritzbeutels die Kräuterbutter unter die Haut des Schwanzstückes platzieren. Das Fischstück von außen salzen, pfeffern und leicht mit Tempura Mehl bestauben. Die beiden Sorten Öl in einer Pfanne erhitzen, das Lachsforellenschwanzstück einlegen und bei nicht zu starker Hitze von beiden Seiten 10 bis 15 Minuten braten, dabei den Fisch immer wieder mit dem Bratfett beträufeln.

Kartoffeln gründlich waschen, trockentupfen und längs halbieren. Das Olivenöl in einer Pfanne erhitzen. Die Kartoffeln salzen, pfeffern und mit dem ungeschälten, leicht angedrückten Knoblauch unter Wenden in 10 bis 15 Minuten bei reduzierter Hitze braten.

Die Gurke schälen, längs halbieren, mit einem Löffel die Samen entfernen und die Gurke quer in 2 mm dicke Scheiben schneiden. Die Butter in einer Kasserolle zerlassen, die Gurkenscheiben darin kurz anschwitzen, salzen, pfeffern, mit dem Mineralwasser ablöschen und bissfest garen.

Das Bratfett des Fisches abgießen. Die restliche Kräuterbutter zufügen und den Fisch damit beschöpfen. Die gebratenen Kartoffeln und die Tomaten mit in die Pfanne geben und in der Kräuterbutter schwenken.

**Gut zu sehen: die Kräuterbutter unter der Haut.** Vor dem Servieren den Lachsforellenschwanz mit Kartoffeln, Tomaten und Gurken auf einer Platte anrichten und mit Kräuterbutter beträufeln.

### ZUTATEN

Lachs im Ganzen gebraten
Für 8 bis 10 Portionen
1 ganzer schottischer Lachs von etwa 3 kg, küchenfertig
200 g Fenchel, 100 g Lauch
100 g Stangensellerie, 150 g Möhren
Salz, 100 g Butter, grobes Meersalz
frisch gemahlener schwarzer Pfeffer
1/2 TL zerstoßene Korianderkörner
12 Zitronenscheiben (unbehandelt)
ein paar Stängel Fenchelgrün
1 Stangensellerieherz
1 Bund glatte Petersilie
Zesten von 1/2 unbehandelten Zitrone
150 ml Weißwein
Außerdem:
2 Bogen Pergamentpapier

### ZUTATEN

Schwanzstück von der Lachsforelle
Für 2 Portionen
1 Lachsforellen-Schwanzstück von etwa 600 g, Salz, frisch gemahlener Pfeffer, etwas Tempura-Mehl
2 EL Olivenöl, 2 EL Sonnenblumenöl
Für die Kräuterbutter:
70 g Butter, 1/2 Knoblauchzehe, geschält, 3 EL fein geschnittene Kräuter (Petersilie, Dill, Kerbel, Estragon), Salz, Pfeffer
1 Spritzer Zitronensaft
Für die Kartoffeln:
200 g kleine neue Kartoffeln
2 bis 3 EL Olivenöl, Salz, Pfeffer
2 junge Knoblauchzehen
Für die Gurkenscheiben:
120 g Salatgurke, 20 g Butter
Salz, frisch gemahlener Pfeffer
50 ml Mineralwasser
Außerdem:
50 g Oliventomaten (ovale Cocktailtomaten), Stielansatz entfernt

**Auf ein köstliches Gratin** aus Kartoffeln und Moschuskürbis sind die Lachsstreifen in diesem Gericht gebettet.

**Ein paar Tropfen Kürbiskernöl geben dem Gratin mit Lachs das gewisse Etwas · Bei den Lachspäckchen sind es konfitierte Tomaten, aromatisiert mit Thymian und Knoblauch**

# Raffiniertes mit Lachs

Die Zubereitung der beiden, überaus delikaten Gerichte ist nicht allzu aufwändig, zumal einzelne Teile wie etwa die konfitierten Tomaten schon gut im Voraus hergestellt werden können.

## ZUTATEN

Lachsfilet auf Kürbis-Gratin
400 g frisches Lachsfilet von norwegischem Lachs
Salz, frisch gemahlener Pfeffer
Für das Kartoffel-Kürbis-Gratin:
700 g Moschuskürbis
650 g mehlig kochende Kartoffeln
400 ml Milch
Salz, frisch gemahlener Pfeffer
frisch gemahlene Muskatnuss
5 Petersilienstängel
30 g Butter, 300 ml Sahne
50 g frisch geriebener Greyerzer
Außerdem:
30 g Kürbiskerne
einige Tropfen Kürbiskernöl
Butter für die Form
1 Knoblauchzehe, geschält
1 feuerfeste Form von 35 cm Länge

## LACHSFILET AUF KÜRBIS-GRATIN

Den Kürbis für den Gratin schälen, die Kerne entfernen und das Kürbisfleisch in 1 1/2 cm dicke Spalten schneiden. Die Kartoffeln schälen und in 1 cm dicke Scheiben schneiden. Milch in einen Topf mit Salz, Pfeffer, Muskat und Petersilienstängeln zum Kochen bringen. Karoffelscheiben einlegen und halb gar kochen. Auf ein Sieb schütten und die Kartoffeln gut abtropfen lassen, die Petersilie entfernen.

Die Butter in einer großen Pfanne zerlassen, die Kürbisspalten von jeder Seite 1 Minute braten und mit Salz, Pfeffer und Muskat würzen. Die Auflaufform mit dem geschälten Knoblauch ausreiben und mit etwas Butter ausstreichen. Die Hälfte der Kartoffelscheiben auf den Boden der Form legen, darüber die Kürbisscheiben verteilen und wiederum darüber die restlichen Kartoffeln einschichten.

**Unter einer hauchdünnen Teigschicht** verbirgt sich neben dem Fischfilet auch eine wunderbare Füllung aus getrockneten Tomaten und Pilzen.

Die Sahne in einer Kasserolle erhitzen, mit Salz, Pfeffer und Muskat würzen und gleichmäßig über die Kartoffeln gießen. Alles mit dem geriebenen Greyerzer bestreuen und im vorgeheizten Ofen bei 180 °C 1 bis 1 1/2 Stunden garen.

Das Lachsfilet quer in Scheiben zu etwa 25 g schneiden. Die Lachsscheiben salzen, pfeffern und während der letzten 3 bis 4 Minuten der Backzeit auf das Gratin legen. Die Kürbiskerne in einer beschichteten Pfanne ohne Fett rösten. Das Gratin mit den Lachsstreifen auf vorgewärmten Tellern anrichten, mit Kürbiskernen bestreuen, mit etwas Kürbisöl beträufeln und servieren.

## LACHSFILET IN FILOTEIG

Für die konfitierten Tomaten die Flaschentomaten blanchieren, häuten und vierteln. Die Stielansätze und Samen entfernen. Ein Backblech mit Öl bepinseln und die Tomaten mit der Schnittfläche nach unten darauf legen. Die Tomaten mit Salz bestreuen, Knoblauch und Thymianzweige zufügen und die Tomaten bei 70 °C im vorgeheizten Ofen 3 Stunden trocknen lassen. Thymian und Knoblauch entfernen. 100 g von den Tomaten abmessen und für die Vinaigrette beiseite stellen.

Für die Füllung die Steinpilze putzen, nur falls nötig, waschen. Die Pilze und die übrigen konfitierten Tomaten fein würfeln. Knoblauch schälen und ebenfalls fein würfeln. Die Frühlingszwiebeln putzen und in dünne Scheiben schneiden. Das Öl in einer Pfanne erhitzen, Frühlingszwiebeln und Knoblauch darin anschwitzen, die Steinpilze kurz mitbraten. Die Tomaten kurz mitbraten, salzen, pfeffern und abkühlen lassen.

Den Lachs salzen und pfeffern. Die Filoteigstücke nebeneinander auf die Arbeitsfläche legen und die Füllung zu gleichen Teilen in die Mitte der Teigplatten geben. Den Lachs darauf legen. Rundum die Ränder mit Eiweiß bestreichen und den Teig wie ein Päckchen zusammenfalten.

Öl in einer großen feuerfesten Form erhitzen und die Päckchen darin von beiden Seiten anbraten, dann bei 200 °C im vorgeheizten Ofen in 10 bis 12 Minuten fertig backen.

Für die Vinaigrette Kapern, Oliven und die fein gewürfelten, beiseite gestellten konfitierten Tomaten in einer Schüssel mit Salz, Pfeffer sowie dem Olivenöl vermischen und die Lachspäckchen mit der Vinaigrette anrichten.

### ZUTATEN

Lachsfilet in Filoteig
4 Stück Lachsfilet von
je 130 bis 140 g, ohne Haut
Salz, frisch gemahlener Pfeffer
Für die konfitierten Tomaten:
500 g Flaschentomaten
2 EL Sonnenblumenöl
1/2 TL grobes Meersalz
8 junge Knoblauchzehen
4 Thymianzweige
Für die Füllung:
350 g Steinpilze
1 junge Knoblauchzehe
70 g Frühlingszwiebeln
3 EL Olivenöl
Salz, frisch gemahlener Pfeffer
Für die Vinaigrette:
1 EL gehackte Kapern
2 EL fein gewürfelte schwarze Oliven
100 g konfitierte Tomaten
Salz, frisch gemahlener Pfeffer
4 bis 5 EL Olivenöl
Außerdem:
4 Stück Filoteig 28 x 28 cm
etwas Eiweiß zum Bestreichen
5 bis 6 EL Olivenöl

**ZUTATEN**

Für die Lachsbällchen:
300 g Lachsfilet ohne Haut
30 g Weißbrot ohne Rinde
15 g Butter, 10 g Mehl, 120 ml Milch
1 Ei, 1/2 rote Chilischote
30 g Frühlingszwiebeln
1 TL Kaffir-Limettensaft, Salz, Pfeffer

Für den Spinat:
500 g frischer Spinat, 30 g Butter
30 g weiße Zwiebel, fein gehackt
1 Knoblauchzehe, fein gehackt
Salz, frisch gemahlener Pfeffer

Für die Schnittlauchsauce:
20 g Schalotten, 100 ml Weißwein
400 ml Fischfond, 1/4 l Sahne
Salz, Pfeffer, Zitronensaft
1 EL geschlagene Sahne
1 Bund Schnittlauch in Röllchen

Außerdem:
4 bis 5 EL Erdnussöl zum Braten

**Edler Fisch püriert und mit etwas frischem Chili zu Bällchen geformt · Dazu wird grüner Spargel oder Spinat serviert**

# Salmon cakes

Das Rezept für die feinen Lachsküchlein ist beides Mal dasselbe. Unterschiedlich gewürzte Saucen und Beilagen machen jedoch sehr verschiedene Kreationen daraus.

## LACHSKÜCHLEIN AUF BLATTSPINAT

Das Weißbrot würfeln, in etwas kaltem Wasser einweichen. Die Butter in einer Kasserolle zerlassen, das Mehl einstreuen und unter Rühren 1 bis 2 Minuten farblos anschwitzen. Die Milch zugießen, glatt rühren, 5 Minuten köcheln lassen und vom Herd nehmen. Das Ei unterrühren und das gut ausgedrückte Weißbrot untermischen. Samen und Scheidewände der Chilischote entfernen und das Fruchtfleisch fein hacken. Frühlingszwiebeln putzen und ebenfalls fein hacken. Den Lachs klein würfeln und mit der Chilischote, Frühlingszwiebeln, der Sauce und dem Limettensaft im Mixer nicht zu fein pürieren. Die Masse salzen, pfeffern und daraus mit angefeuchteten Händen 8 etwa 50 g schwere Bällchen formen, etwas flach drücken und kühl stellen.

**Kunstvoll übereinander angerichtet** wird der Spargel hier mit den Lachsbällchen. Wer sicher gehen will, dass das Arrangement auch hält, fixiert es am besten mit einem Zahnstocher.

**Schnittlauch in der Sauce** ist ein frisches Detail dieses Rezepts. Die cremige Sahnesauce passt gut zum Spinat.

Den Spinat mehrmals waschen, Stiele entfernen und kurz in reichlich kochendem Wasser zusammenfallen lassen. Abgießen, abtropfen und abkühlen lassen. Die Blätter gut ausdrücken und locker auseinander zupfen.

Schalotten für die Sauce schälen, in Scheiben schneiden und in einem Topf mit dem Weißwein aufkochen. Den Fischfond zugießen und alles bei mittlerer Hitze auf 1/3 reduzieren. Die Sahne unterrühren, bei geringer Hitze vorsichtig aufkochen, mit Salz, Pfeffer und Zitronensaft würzen. Die Sauce bei geringer Hitze sämig einkochen lassen, vom Herd stellen und durch ein feines Sieb passieren.

Das Öl in einer Pfanne nicht zu stark erhitzen und die Lachsfrikadellen darin von jeder Seite etwa 3 Minuten braten. Separat die Butter zerlassen und Zwiebel und Knoblauch für den Spinat farblos anschwitzen. Spinat kurz mitschwitzen, salzen und pfeffern. Die geschlagene Sahne unter die Sauce heben, diese mit dem Pürierstab kurz aufmixen. Die Schnittlauchröllchen einrühren und den Spinat mit Frikadellen und der Sauce anrichten.

## LACHSBÄLLCHEN MIT GRÜNEM SPARGEL

Die Frikadellen zubereiten und formen, wie in nebenstehendem Rezept beschrieben. Vom grünen Spargel das untere Ende abschneiden und die Enden dünn schälen. Spargel in leicht gesalzenem Wasser 5 bis 8 Minuten garen.

Das Fruchtfleisch der Paprikaschote in dünne Streifen, die Chilischote in feine Ringe schneiden, dabei die Samen entfernen. In einer Pfanne das Öl erhitzen, Paprika und Chili darin etwa 1 Minute braten, salzen und pfeffern.

Die Chilischote für die Sauce halbieren, Samen und Scheidewände entfernen und das Fruchtfleisch fein hacken. Ingwer und Galgant, Knoblauch und Schalotten schälen und alles sehr fein hacken. Limettensaft, Sojasauce und Sesamöl verrühren. Chili, Galgant, Ingwer, Knoblauch, Schalotten und Vap ça einrühren und die Sauce salzen.

Lachsbällchen im heißen Öl bei mittlerer Hitze von jeder Seite 3 Minuten braten und mit Spargel, Paprika und etwas Sauce anrichten.

## ZUTATEN

Für die Lachsbällchen:
siehe Zutaten im Rezept links
Für das Paprikagemüse:
120 g gelbe Paprikaschote, geputzt
1 rote Chilischote
1 EL Erdnussöl
Salz, frisch gemahlener Pfeffer
Für die Sauce:
1 rote Chilischote
5 g frische Ingwerwurzel
5 g frische Galgantwurzel
1 Knoblauchzehe, 30 g Schalotten
Saft 1/2 Kaffir-Limette
6 EL helle Sojasauce
1 TL geröstetes Sesamöl
1 TL Vap ça, gehackt, Salz
Außerdem:
400 g grüner Spargel, Salz
etwas Koriandergrün

Ein Fischgericht für besondere Anlässe · Eckart Witzigmann – unterstützt von seinem Assistenten Steffen Kimmig – umhüllt die Lachsforelle vor dem Garen in Salz noch mit würzigem Schwarzwälder Schinken

# Lachsforelle in der Salzkruste

**Mit zweierlei Butter beträufelt** Eckart Witzigmann die saftigen Filets vor dem Servieren, einmal mit Nuss- und einmal mit Zitronenbutter – und setzt damit einen angenehm frischen Akzent.

Das Garen in der Salzkruste ist eine ausgesprochen wirkungsvolle Methode, will man das Gargut saftig halten – denn Salz und Eiweiß verbacken in der Hitze des Ofens zu einer steinharten Schicht, die das jeweilige Gargut hermetisch umschließt. Auf diese Weise kann zudem nichts vom köstlichen Aroma verloren gehen – der Fisch gart hier sozusagen im eigenen Saft. Das schont darüber hinaus auch wertvolle Inhaltsstoffe. Das Herstellen der Hülle allerdings erfordert ein wenig Geschick, denn der Fisch muss wirklich komplett von der Salz-Eiweiß-Mischung bedeckt sein. Aber dafür gibt es einen wirkungsvollen

Kniff: Wer sich das »Freihand-Modellieren« nicht zutraut, kann aus mehrfach gefalteten Streifen von Alufolie auch eine Fischkontur formen, die etwas größer sein muss als der Umriss des verwendeten Fischs. Diese »Form« legt man dann auf das Blech und füllt sie mit einem Teil der Salzmasse aus, legt den Fisch darauf und bedeckt ihn mit dem restlichen Salz. Die gebackene Hülle sollte man nach dem Garen vorsichtig knacken, am besten mit einem kleinen Hammer aufschlagen.

## ZUBEREITUNG

Die Flossen der Lachsforelle mit einer Küchenschere in Richtung Kopf abschneiden. Den Fisch unter fließendem kaltem Wasser innen und außen gut abspülen und mit Küchenpapier trockentupfen. Die Kräuter waschen und trockenschwenken. Die Lachsforelle von innen salzen, pfeffern und den Fisch mit den Kräuterstängeln sowie 3 Scheiben Schwarzwälder Schinken füllen.

Das Meersalz für die Salzkruste gründlich mit den Eiweißen mischen und kurz ruhen lassen, damit sich Eiweiß und Salz gut verbinden.

Die Lachsforelle mit dem restlichen Schinken so umwickeln, dass sich die Scheiben leicht überlappen. Etwa die Hälfte der Salzmasse auf ein Blech schütten, etwas größer als den Fisch formen und glatt streichen. Den Fisch auflegen, das restliche Salz darauf verteilen und die Lachsforelle ringsum gut mit der Salzmasse umhüllen, wie im ersten Step der Bildfolge rechts gezeigt. Den Fisch bei 200 °C im vorgeheizten Ofen 30 bis 35 Minuten garen.

In der Zwischenzeit die Zitrone filetieren. Dafür oben und unten jeweils einen Deckel abschneiden. Die Schale in Streifen abschneiden, dabei darauf achten, dass auch die weiße Schicht der Schale vollständig mit entfernt wird; sie schmeckt bitter. Die einzelnen Segmente mit einem sehr scharfen Messer jeweils entlang den Trennwänden einschneiden und die Zitronenfilets herauslösen.

Die Butter in einer kleinen Kasserolle zerlassen und leicht bräunen. Die Zitronenfilets einlegen und unter vorsichtigem Rühren erhitzen, bis sie zu zerfallen beginnen. Die Zitronenbutter mit Salz und Pfeffer würzen und die Kräuter einrühren. Die Butter für die Nussbutter ebenfalls in einem Pfännchen zerlassen und leicht bräunen.

Die fertig gegarte Lachsforelle aus dem Ofen nehmen. Die Salzkruste behutsam ringsum aufklopfen und abheben. Die Schinkenscheiben entfernen – wie im zweiten Step unten zu sehen – und die Haut der Lachsforelle zum Kopf hin abziehen. Mit der Spitze eines Löffels vorsichtig die graue, möglicherweise tranig schmeckende Schicht abschaben, die im dritten Bild unten gut zu erkennen ist.

Das Filet an der Nahtstelle teilen, jede Hälfte von den Gräten heben und auf einem vorgewärmten Teller anrichten. Die Mittelgräte sowie Kräuter und Schinken entfernen und mit dem zweiten Filet ebenso verfahren.

Die Lachsforellenfilets zunächst mit der Zitronenbutter, dann mit der Nussbutter beträufeln und sofort servieren.

## ZUTATEN

1 küchenfertige Lachsforelle von etwa 1,2 kg
3 Stängel krause Petersilie
3 Stängel glatte Petersilie
3 Stängel Dill
Salz, frisch gemahlener Pfeffer
100 g Schwarzwälder Schinken, in dünnen Scheiben
Für die Salzkruste:
2 kg grobes Meersalz
4 Eiweiße
Für die Zitronenbutter:
1 Zitrone, 50 g Butter
Salz, frisch gemahlener Pfeffer
1 EL gehackte Petersilie
1 EL gehackter Dill
Für die Nussbutter:
40 g Butter

**Der geräucherte Schinken** gibt der Lachsforelle hier das verführerische Aroma, wird der Fisch doch komplett darin »eingepackt«. Nach dem Garen in Salz – durch die Salzkruste bleibt der Fisch herrlich saftig – sind die Scheiben allerdings nicht mehr zu verwenden; sie sind zwar nicht versalzen, backen jedoch stellenweise an der Salzschicht fest und werden dann trocken. Hebt man, wie auf dem untersten Bild zu sehen, die Haut des Fisches ab, erkennt man deutlich die »Nahtstelle« zwischen den beiden Hälften des Filets und die grau gefärbte Schicht, die Eckart Witzigmann grundsätzlich entfernt, da sie oft tranig schmeckt und den Genuss dann deutlich schmälert.

**Die beiden Rezepte sollte man rechtzeitig vorbereiten · Einmal muss der Lachs noch in einer Marinade ziehen, einmal die Kartoffeln**

# Lachs vom Grill

## ZUTATEN

2 Lachsfilets ohne Haut, je 450 g

Für die Marinade:
60 g Frühlingszwiebeln
2 cm frische Ingwerwurzel
3 Knoblauchzehen
2 rote Chilischoten
2 TL Thymianblättchen
100 ml Erdnussöl
2 getrocknete Lorbeerblätter
1 TL Pimentkörner
1/2 TL schwarze Pfefferkörner
1/2 TL Korianderkörner
1/2 TL frisch geriebene Muskatnuss
1/2 TL gemahlener Zimt
1/2 TL Salz, Saft von 1 Limette

Außerdem:
200 g Oliventomaten (ovale Cocktailtomaten), 50 g kleine schwarze Oliven, in Öl oder Lake
30 g weiße Zwiebel, 1 Knoblauchzehe, 2 EL Olivenöl, Salz, Pfeffer

Lachs – egal ob Filet oder Kotelett – eignet sich gut zum Grillen, nur darf er nicht zu lange über der Glut liegen, da er sonst austrocknet. Wer dem Fisch zusätzlich noch einen Räuchergeschmack geben möchte, der kann ein Stück Haut von einem Räucherlachs 5 bis 6 Stunden in 100 ml Olivenöl ziehen lassen und die Koteletts dann mit dem Öl bepinseln.

## JERK SALMON

Zunächst die Marinade für den Fisch herstellen. Dafür die Frühlingszwiebeln putzen, Ingwer und Knoblauch schälen und alles fein würfeln. Chilis halbieren, Stielansätze, Samen und Scheidewände entfernen und das Fruchtfleisch fein würfeln. Den Thymian fein hacken. Alles in einer Schüssel mit dem Öl verrühren.

Lorbeerblätter, Piment-, Pfeffer- und Korianderkörner, Muskat und Zimt im Mörser fein zerstoßen. Die Gewürze zu den anderen Zutaten in die Schüssel geben, Salz und Limettensaft zufügen, alles gut verrühren. Die Lachsfilets in eine flache Form legen, mit der Marinade übergießen und 2 bis 3 Stunden zugedeckt im Kühlschrank durchziehen lassen.

Inzwischen die Tomaten waschen, von den Stielansätzen befreien und längs halbieren. Die Oliven abtropfen lassen. Zwiebel und Knoblauch schälen und beides fein hacken.

Die Lachsfilets aus der Marinade nehmen und auf dem vorgeheizten Grill von jeder Seite etwa 3 bis 4 Minuten grillen. Das Olivenöl in einer Pfanne erhitzen und die Zwiebel- und Knoblauchwürfel darin farblos anschwitzen. Tomaten 1 bis 2 Minuten mitbraten, Oliven zufügen, durchschwenken, salzen und pfeffern. Die gegrillten Lachsfilets in 4 Portionen teilen und mit den Tomaten anrichten.

**Vor dem Grillen** klappt man die dünnen Enden der Lachskoteletts ein und steckt sie mit einem Zahnstocher fest – so werden die Koteletts schön gleichmäßig gar.

## LACHSKOTELETT GEGRILLT

Süßkartoffeln schälen, quer in 1 cm dicke Scheiben schneiden und in einer Schüssel mit Wasser bedecken. Salz und Essig zufügen und die Süßkartoffeln darin 5 bis 6 Stunden ziehen lassen. Tomaten blanchieren, abschrecken, häuten, Stielansätze und Samen entfernen – Letztere durch ein Sieb passieren, den Saft dabei auffangen – und das Fruchtfleisch würfeln. Die Hälfte der Schalotten in 10 g zerlassener Butter farblos anschwitzen, die Tomatenwürfel kurz mitschwitzen, den Tomatensaft angießen. Alles bei geringer Hitze einkochen lassen und pürieren – es sollten 3 bis 4 EL sein.

Die restlichen Schalotten mit Kräuterstängeln, Lorbeerblatt, Pfefferkörnern, Essig, Wein sowie 2 EL Wasser aufkochen und die Flüssigkeit auf ein Viertel reduzieren. Die Reduktion durch ein Sieb in eine Schüssel passieren.

Die restliche Butter für die Sauce so lange köcheln, bis das enthaltene Wasser größtenteils verdampft ist. Sobald sich hellbraune Flocken (Proteine vertragen keine starke Hitze) bilden, die Butter sofort vom Herd nehmen und leicht abkühlen lassen.

Die Eigelbe zu der Reduktion in die Schüssel geben. Diese auf ein heißes Wasserbad stellen und die Eigelb-Mischung aufschlagen, bis sich die Spuren des Schneebesens deutlich abzeichnen. Vom Wasserbad nehmen und die flüssige Butter erst tropfen-, dann fadenweise unterschlagen – Butter und Eigelb-Mischung sollten etwa die gleiche Temperatur haben. Mit Salz, Pfeffer, gehackten Kräutern und Tomatenpüree würzen, abschmecken.

Die Süßkartoffeln aus dem Wasser nehmen, abtropfen lassen. Currypulver, Koriander und etwas Pfeffer mischen. Die Kartoffeln in 2 EL Öl von jeder Seite 3 Minuten braten und mit der Currymischung bestreuen.

Lachskoteletts und Kartoffeln salzen, pfeffern, mit Öl bepinseln und auf dem vorgeheizten Grill von jeder Seite 3 bis 4 Minuten grillen. Lachs und Süßkartoffelscheiben mit der Sauce anrichten und mit Koriandergrün bestreuen.

## ZUTATEN

4 Lachskoteletts von je etwa 250 g
400 g Süßkartoffeln
1 EL Salz, 1 EL Weißweinessig
1 TL mildes Madras-Currypulver
1/2 TL zerstoßene Korianderkörner
frisch gemahlener Pfeffer
2 EL Olivenöl
Für die Sauce:
200 g Tomaten, 40 g Schalotten, geschält und fein gehackt
260 g Butter, je 1 Stängel Estragon, Petersilie und Kerbel, 1/2 Lorbeerblatt, 4 bis 6 weiße Pfefferkörner
2 EL Weißweinessig, 8 EL Weißwein
3 Eigelbe, Salz, frisch gemahlener Pfeffer, 2 EL gehackte Kräuter (Petersilie, Estragon, Kerbel)
Außerdem:
6 bis 7 EL Olivenöl, Salz
1 EL gehacktes Koriandergrün

**Was gibt es Besseres als Lachs oder Forelle frisch vom Grill? · Zwei Methoden, für drinnen und draußen · Mit Kräuterbutter im Bauch sind die Fische noch aromatischer**

# Vom Grill

## ZUTATEN

4 küchenfertige Bachsaiblinge von je etwa 350 g
Saft von 1/2 unbehandelten Zitrone
Salz, frisch gemahlener Pfeffer
je 4 kleine Thymianzweige
4 kleine Rosmarinzweige
4 kleine Liebstöckelstängel
6 EL Pflanzenöl
Außerdem:
1 entsprechend große Grillplatte

## ZUTATEN

1 ganz frische Lachsforelle von 2,4 kg, nicht ausgenommen
1 Knoblauchzehe
1 Handvoll frische Kräuter (etwa Petersilie, Estragon, Dill, Thymian)
einige Pfefferkörner
120 bis 150 g Butter
Salz, frisch gemahlener Pfeffer
Außerdem:
Pflanzenöl zum Bestreichen
1 Stückchen Baguette

Über Holzkohle im Freien grillen, ist an lauen Sommerabenden sehr beliebt. Doch wie grillt man zu klimatisch weniger günstigen Zeiten? Eine Möglichkeit wäre die hier vorgeschlagene: nämlich auf einer Grillplatte, die dann einfach auf eine Hitzequelle (Gas- oder Elektroherd) gestellt und erhitzt wird. Und obwohl das von weitem wie gewöhnliches Braten aussieht, ist der Garvorgang doch ein

**Praktisch ist ein solcher Grillkorb –** man kann damit auch größere Fische problemlos wenden, ohne sie dabei zu verletzen. Voraussetzung ist allerdings, dass der Grillkorb vorher gut eingeölt wird.

anderer. Der Fisch liegt nicht ganz, sondern nur streifenweise auf – er »schwimmt« auch nicht in Butter, sondern muss statt dessen immer wieder mit Öl beträufelt werden. Freilich ist der Geschmack nicht derselbe wie vom Holzkohlengrill, aber dennoch liefert diese Methode brauchbare Ergebnisse.

## SAIBLING GEGRILLT MIT KRÄUTERN

Bachsaiblinge innen und außen unter fließendem kaltem Wasser abspülen und trockentupfen. Die Bauchhöhlen der Fische mit Zitronensaft einstreichen, salzen und pfeffern. Jeweils 1 Zweig Thymian, Rosmarin und Liebstöckel einlegen, die Grillplatte langsam erhitzen und mit Öl einpinseln. Die Fische ebenfalls mit Öl einpinseln und bei nicht zu starker Hitze von jeder Seite 7 bis 8 Minuten grillen.

## LACHSFORELLE VOM GRILL

Üblicherweise nimmt man Fische vor dem Grillen vom Bauch her aus. In diesem Fall empfiehlt es sich aber, die Lachsforelle durch die Kiemen auszunehmen, auch wenn dies ein wenig aufwändiger ist. So bleibt die Bauchhöhle zu und die Aromen können sich wunderbar darin verteilen. Wem dies zu viel Arbeit ist, bittet einfach seinen Fischhändler darum – oder legt die Lachsforelle mit offenem Bauch in den Grillkorb.

## ZUBEREITUNG

Die Lachsforelle sorgfältig unter fließendem kaltem Wasser abspülen und vorsichtig trockentupfen. Den Knoblauch schälen und fein hacken. Die Kräuter waschen und trockenschwenken. Die Bauchhöhle des Fisches mit Kräutern, Knoblauch und Pfefferkörnern füllen, die Butter in Stückchen zufügen. Den Schlund des Fisches mit einem Stückchen Baguette verschließen, damit die aromatisierte Butter beim Grillen nicht ausfließen kann. Die Lachsforelle mit Salz und Pfeffer würzen, mit Öl bepinseln, in den gut geölten Grillkorb legen und über der heißen Glut 20 bis 25 Minuten grillen, dabei häufig wenden. Vorsichtig aus dem Korb nehmen und servieren.

**Lässt sich die Rückenflosse leicht herausziehen,** ist der Fisch gar. Bei einer Lachsforelle dieser Größe muss man schon 20 bis 25 Minuten rechnen. Während des Grillens ständig drehen, damit die Haut bräunt und knusprig wird, aber nicht verbrennt.

**Auf die richtige Temperatur** kommt es an: Das Öl in der Fritteuse muss auf 180 °C erhitzt werden. Hat der Teig dann eine schöne goldgelbe Farbe angenommen, ist der Lachs genau richtig.

**Lachs und Saibling – mal nicht in Bierteig, sondern in den geschmacklich noch feineren Weinteig gehüllt · Schon ohne Begleitung ein Gedicht, erst recht aber mit exquisitem Kaviar**

# Fisch knusprig im Teig gebacken

Zweimal köstlicher Fisch im Weinteigmantel: Der Saibling wird filetiert und in Wein mariniert, bevor er seine leckere Hülle bekommt. Abgerundet wird der gebackene Fisch hier mit einer Mayonnaise-Joghurt-Sauce und einem Löffel Kaviar. Den Lachs dagegen schneidet man ganz unkompliziert in handliche Sticks, taucht diese in den Teig und frittiert sie einfach. Die Sauce, die hier für den Saibling vorgesehen ist, passt übrigens auch ganz hervorragend zum gebackenen Lachs.

## ZUTATEN

600 g Lachsfilet ohne Haut
Salz, frisch gemahlener Pfeffer
Für den Weinteig:
180 g Mehl
150 ml Weißwein
1 Ei
1/2 TL Salz
1 Eiweiß
Außerdem:
Pflanzenöl zum Ausbacken
Küchenpapier zum Entfetten

## LACHS IM WEINTEIG

Lachsfilet in etwa 2 1/2 cm breite und 6 cm lange Streifen schneiden. Mit Salz und Pfeffer würzen und kühl stellen.

Für den Weinteig das Mehl in eine Schüssel sieben und den Wein, das Ei und das Salz unterrühren. Mit einem Tuch abdecken, den Teig 15 bis 20 Minuten quellen lassen und anschließend kräftig durchrühren. Das Eiweiß nicht zu steif schlagen und vorsichtig unter den Teig ziehen.

Die Lachsstücke einzeln durch den Weinteig ziehen, herausheben und abtropfen lassen. Die Lachsstücke in dem auf 180 °C erhitzten Öl frittieren, bis sie goldgelb und knusprig sind. Mit dem Schaumlöffel herausheben, auf Küchenpapier entfetten und servieren.

## SAIBLING IM WEINTEIG MIT KAVIAR

Die Saiblinge unter fließendem kaltem Wasser von innen und außen sorgfältig waschen und mit Küchenpapier trockentupfen. Den Kopf, den Schwanz und die Flossen abschneiden. Mit einem scharfen Messer den Fisch beidseitig entlang des Rückgrats einschneiden und die Filets vorsichtig von den Gräten lösen. Mit einer Pinzette die restlichen Gräten entfernen.

Die Filets mit der Hautseite nach unten auf ein Küchenbrett legen. Zum Häuten mit einem Messer zwischen Haut und Fleisch ansetzen und die Filets in einem Zug von der Haut lösen. Salz, Pfeffer, Wein und Zitronensaft miteinander verrühren, über die Filets gießen und die Saiblinge etwa 30 Minuten im Kühlschrank durchziehen lassen.

In der Zwischenzeit den Weinteig zubereiten. Dafür das Mehl in eine Schüssel sieben und mit dem Weißwein glatt rühren. Das Salz und das Öl unterrühren und den Teig etwa 30 Minuten ruhen lassen. Erst unmittelbar vor dem Frittieren die Eiweiße zu steifem Schnee schlagen und diesen vorsichtig unterheben.

Die Mayonnaise für die Sauce mit dem Joghurt in einer Schüssel gut verrühren. Die Zwiebel schälen und sehr fein hacken. Das hart gekochte Ei schälen und ebenfalls fein hacken. Zwiebel- und Eierwürfel unter die Mayonnaise-Joghurt-Mischung rühren, salzen und pfeffern.

Das Öl in der Fritteuse oder in einer tiefen Pfanne auf 180 °C erhitzen. Die Saiblinge aus der Marinade nehmen, abtropfen lassen, in Mehl wenden und durch den Teig ziehen.

Die Saiblinge im heißen Öl von jeder Seite etwa 4 Minuten backen. Herausnehmen und abtropfen lassen. Die Fische mit der Mayonnaise-Joghurt-Sauce und je 1 Löffel Kaviar auf vorgewärmten Tellern anrichten, mit etwas Friséesalat garnieren und sofort servieren.

### ZUTATEN

4 küchenfertige Saiblinge
von je etwa 350 g
Salz, frisch gemahlener Pfeffer
100 ml trockener Weißwein
Saft von 1 Zitrone
Für den Weinteig:
125 g Mehl
200 ml trockener Weißwein
Salz, 1 EL Öl, 2 Eiweiße
Für die Sauce:
70 g Mayonnaise
70 g Joghurt (3,5 % Fett)
40 g Zwiebel, 1 hart gekochtes Ei
Salz, frisch gemahlener Pfeffer
Außerdem:
Öl zum Frittieren, 20 g Mehl
1 Glas Beluga Kaviar (28 g)
etwas Friséesalat zum Garnieren

# Impressum

| | |
|---|---|
| **Verlag** | © 2001 Teubner Edition,<br>Grillparzerstr. 12, D-81675 München<br>Teubner Edition ist ein Unternehmen des Verlagshauses<br>Gräfe und Unzer, Ganske Verlagsgruppe |
| **Idee, Konzept**<br>**Produktion** | Cookbook Packaging by Teubner Foodfoto GmbH & Co. KG<br>Frauenbergstr. 40, D-87645 Schwangau |
| **Administration** | Claudia Hill, Andrea Mohr |
| **Küche** | Barbara Mayr, Andreas Miessmer, Eftichia Simopoulou |
| **Fotografie** | Christian Teubner<br>Odette Teubner, Andreas Nimptsch |
| **Text** | Dr. Alexandra Cappel, Simone Hoffmann, Katrin Wittmann |
| **Redaktion** | Heidrun Boikat, Mischa Gallé,<br>Simone Hoffmann, Katrin Wittmann |
| **Layout/DTP** | Christian Teubner, Annegret Rösler, Gabriele Wahl |
| **Herstellung** | Susanne Mühldorfer, Annegret Rösler, Gabriele Wahl |
| **Reproduktion** | Repromayer GmbH & Co. KG, 72770 Reutlingen-Betzingen |
| **Druck** | Dr. Cantz'sche Druckerei GmbH & Co. KG, 73760 Ostfildern |

Fotografiert in der neuen, mobilen Küche von bulthaup (bulthaup system 20), bulthaup GmbH & Co Küchensysteme, Aich; mit Geschirr von Rosenthal, Rosenthal AG, Selb und ASA, Asa Selection, Höhr-Grenzhausen

WIR DANKEN

allen, die durch ihre Beratung, Hilfe und tatkräftige Unterstützung zum Gelingen dieses Buches beigetragen haben, insbesondere:

Dr. Harold J. Barnett, Northwest & Alaska Fisheries Center, Seattle, Washington/USA; Dr. Erik Bohl, Bayerisches Landesamt für Wasserforschung, Versuchsanlage Wielenbach; Fisch-Büro Neubacher, Hamburg; Gottfried Friedrichs KG, Hamburg; Lachshaus Kaplan, Pfaffenhofen; Florian Strigl, Fischer, Bannwaldsee, Schwangau; Odd Ustad, Fiskeoppdretternes Salgslag A/L, Trondheim/Norwegen; Gräflich-Castell'sche Forellenzucht, Griestal i. Allgäu

BILDNACHWEIS

S. 15 & Poster Foto: Regulatory Fish Encyclopedia, Office of Seafood and Office of Regulatory Affairs, Food and Drug Administration, 1993-2001. Fotograf Warren Savary.



ISBN 3-7742-1136-1

# Lachs & Forelle

*auf einen Blick*

poster → poster → poster → poster → poster →

△ Von o ben: Die REGENBOGENFORELLE *(Oncorhynchus mykiss)*; die GOLDFORELLE, eine besonders schön gefärbte Regenbogenforelle und die BACHFORELLE *(Salmo trutta fario)*, die keine eigene Art, sondern eine zeitlebens im Süßwasser lebende Lachsforelle ist.

△ BACHSAIBLING *(Salvelinus fontinalis)* stammt aus Nordamerika und stellt hohe Ansprüche an die Wasserqualität. Dadurch ist er frei lebend stark rückläufig. In Teichwirtschaften ist er aber öfter zu bekommen.

△△ SEESAIBLING *(Salvelinus alpinus salvelnus)* ist ein begehrter Speisefisch und verträgt sich, pochiert oder gedünstet, besonders gut mit anspruchsvollen Saucen. Charakteristisch: die weiß gesäumten Bauchflossen.

△ REGENBOGENFORELLEN *(Oncorhynchus mykiss)*, die nach der Lachsmethode gezüchtet wurden, werden mit Karotinzusatz gefüttert und haben daher lachsfarbenes Fleisch.

◁ Eine ganze Lachsseite vom Atlantischen SALMO SALAR lässt sich am besten mit einem speziellen Lachsmesser aufschneiden. Kalt geräuchert hat er einen Fettgehalt von 13, 6 %.

△ ADRIATISCHER LACHS *(Salmothymus obstusirostris)* ist ein kleiner Verwandter des Atlantischen Lachses mit maximal 50 cm Länge. Er kommt an der dalmatinischen Küste und im Ochrid-See vor und wird nur lokal gefischt.

△△ ROSA- oder BUCKELLACHS *(Oncorhynchus gorbuscha)*, hier als Jungfisch, bevor er seinen Buckel trägt. Dieser entwickelt sich erst im zweiten Lebensjahr mit Beginn der Geschlechtsreife. Der Buckellachs wird wegen seines etwas blassen Fleisches häufig zur Konserve verarbeitet.

KETA-KAVIAR ▷ ist der rote Rogen vom Pazifischen Keta-Lachs. Das Keta-Korn ist besonders groß, aber sehr empfindlich.

SILBER- oder ▷ COHO-LACHS *(Oncorhynchus nerka)*, an den dunklen Flecken an Flanken und dem oberen Teil des Schwanzes erkennbar. Er eignet sich für alle Zubereitungsarten.

KETA-LACHS oder ▷ CHUM SALMON *(Oncorhynchus keta)*. Aus ihm gewinnt man den Keta- oder Lachs-Kaviar. Der ganze Fisch kommt hier zu Lande selten in den Handel. Sehr schmackhaft ist er gebraten oder gegrillt.

◁ HUCHEN *(Hucho hucho)* ist unter den Lachsfischen des Süßwassers an seiner schlanken, im Querschnitt fast runden Körperform zu erkennen. Er wird von Gourmets als einer der besten aus der Salmoniden-Familie geschätzt. Allerdings ist er selten geworden.

◁ GELAGERT auf Eis, gelangt der Lachs innerhalb von 2 bis 3 Tagen zum Verbraucher. Die Klammer am Kiemendeckel kennzeichnet das Herkunftsland Norwegen.

△ BABYLACHSE sind kleine Exemplare von Zuchtlachsen. Sie werden bereits mit einem Gewicht von 400 bis 500 g verarbeitet und liefern ein zartes Fleisch.

▽ ZUCHTLACHS garantiert ständige Verfügbarkeit und gleich bleibende Qualität zu günstigen Preisen.

▽ WILDLACHS ist ein Naturprodukt mit all seinen Vor- und Nachteilen. Das Angebot ist beschränkt, das Qualitätsrisiko trägt der Verbraucher. Im besten Fall bekommt man aber einen muskulösen, natürlich aufgewachsenen Fisch.

ATLANTISCHER LACHS *(Salmo salar)* ▷ wird in Kanada zur Zeit des Laichaufstiegs gern gefischt.

KING SALMON oder ▷ CHINOOK *(Oncorhynchus tschawytscha)* ist an der amerikanischen Westküste besonders beliebt. Sein geringer Fettanteil wirkt sich beim Dämpfen und Pochieren positiv aus.

# Lachs & Forelle